从玉泉路到南七里

北京玉泉路

合肥南七里

中国科大故事

方黑虎 丁兆君 编著

中国科学技术大学出版社

内 容 简 介

本书以中国科学技术大学档案馆馆藏档案为基础,对其进行多层次、多方位、多角度的解读,深入挖掘中国科大历史人物和历史事件的细节,包含近40篇文章,生动地呈现了校史人物的精神面貌,详细地描绘了学校历史事件,充分展现出学校发展过程中形成的优良校风、学风,从而使读者更深刻地体会中国科大的精神与文化,进一步弘扬中国科大红专并进、科教报国的优良传统。

图书在版编目(CIP)数据

从玉泉路到南七里:中国科大故事/方黑虎,丁兆君编著.—合肥:中国科学技术大学出版社,2021.12(2023.11重印)

ISBN 978-7-312-05348-1

Ⅰ.从… Ⅱ.①方…②丁… Ⅲ.中国科学技术大学—校史—通俗读物 Ⅳ.G649.285.41-49

中国版本图书馆CIP数据核字(2021)第255219号

从玉泉路到南七里:中国科大故事
CONG YUQUAN LU DAO NANQILI:ZHONGGUO KEDA GUSHI

出版	中国科学技术大学出版社 安徽省合肥市金寨路96号,230026 http://press.ustc.edu.cn https://zgkxjsdxcbs.tmall.com
印刷	安徽国文彩印有限公司
发行	中国科学技术大学出版社
经销	全国新华书店
开本	787 mm×1092 mm 1/16
印张	10.25
字数	162千
版次	2021年12月第1版
印次	2023年11月第2次印刷
定价	68.00元

序

中国科学技术大学（以下简称"中国科大"）于1958年由中国科学院在北京创办，实行"全院办校、所系结合"的办学方针，为"两弹一星"工程培养后备人才。科教结合、名师云集的特点使得中国科大自诞生起就享有盛誉，建校第二年即入选全国首批16所重点建设高校。

南迁合肥后，中国科大迎难而上，励精更始，在坎坷中重新崛起，从曲折中迈向辉煌。20世纪70年代末80年代初，学校敢为人先，实施大规模教学改革：创办少年班、首建研究生院、建设高校中第一个大科学工程、面向世界开放办学，引领中国高等教育改革的新风向。中国科大借助"211工程""985工程"及"双一流"建设，力争率先在我国建成世界一流大学。

岁月流逝，档案永存。学校档案馆珍藏了中国科大60多年建设与发展留下来的档案资料，它们记录了科学大师筚路褴褛的创业历程和莘莘学子校园求学的青春岁月，承载了中国科大的精神与文化。但是档案对于历史的记录是平面的、片段的，很难将历史与人物立体、动态地展示在人们眼前。这本书从档案出发，多方搜寻史料和细节，带我们走向历史深处，用生动的文字讲述了与中国科大息息相关的人物故事，弥补了档案资料的不足，让我们更加了解中国科大背后的故事。

在这些故事里，有中国科大人科教报国的宏图与使命，有中国科大人追求卓越的激情与梦想，有中国科大人创新立校的孜孜以求，有中国科大人身处逆境的顽强拼搏。故事携带着中国科大人的家国情怀，呈现了中国科大人的喜怒哀乐，镌刻着中国科大的深深烙印，浸润了中国科大的文化和精神。

这本书讲述中国科大的历史故事，是希望这些故事能够引起中国科大人的文化共鸣，希望我们从中得到一些温暖和动力，在创造未来的大道上发力前行，并寻隙回望来时之路，不要因为走得太远而忘了为什么出发。

愿所有中国科大人不忘初心，砥砺前行！

中国科大1959级校友
国家最高科学技术奖获得者
2021年7月7日

目 录

序 ·· i

聂荣臻：把红旗插上科学的高峰 ································ 001
郭沫若与中国科学技术大学校风 ································ 008
郭沫若与中国科学技术大学校歌 ································ 012
郭沫若与《中国科学技术大学学报》 ···························· 018
郭沫若的中国科大情怀 ·· 022
严济慈：教书要深入浅出，学习要浅入深出 ··················· 026
赵忠尧：中国人的脊梁 ·· 029
柳大纲：巧喻诲学子 ··· 032
吴仲华："三元流动"动风云 ····································· 035
吴仲华：培养"研究工程师" ····································· 038
钱临照与中国科大的物理教学 ··································· 041
钱临照与中国科大科学史 ·· 045
杨承宗：小居里夫人的中国弟子 ································ 049
杨承宗：与中国科大结缘 ·· 054
郁文：三年打好基础、五年成型 ································ 059
刘达：尊重、关心知识分子的教育家 ··························· 063
刘达：举办回炉班 ·· 070
张文裕：从高能基地到中国科大讲坛 ··························· 073
傅承义：耕耘教育，风节长存 ··································· 079
谈镐生：基础决定论 ··· 085

陆元九：热心培育人才 ………………………………………………… 089

钱人元：倡导教学与科研结合 …………………………………………… 092

杨纪珂：科技大学对我不错 ……………………………………………… 095

刘有成：赤子情怀，心系教育 …………………………………………… 099

曾肯成：国家秘密的守护者 ……………………………………………… 104

杨振宁：我能够为科大做些工作 ………………………………………… 108

杨振宁七十华诞庆典 ……………………………………………………… 113

丁肇中：六次来华最高兴的一天 ………………………………………… 116

陈省身：不要考第一 ……………………………………………………… 120

袁家骝、吴健雄：科技大学很有希望 …………………………………… 124

任之恭：中国科大是我的第二家乡 ……………………………………… 129

旧收据里的爱国情怀 ……………………………………………………… 132

恢复高考历史决策中的中国科学技术大学 ……………………………… 135

中国科大没有"逸夫楼" ………………………………………………… 140

中国科大有座"孺子牛" ………………………………………………… 144

第一教学楼与老图书馆：中国科大校园中的苏式建筑 ………………… 148

桃李苑：中国科大食堂的时代变迁 ……………………………………… 151

一根扁担进科大 …………………………………………………………… 154

我为中国科大自豪 ………………………………………………………… 155

后记 ………………………………………………………………………… 157

聂荣臻：把红旗插上科学的高峰

1958年9月，我国老一辈革命家、科学家亲手创办的中国科学技术大学（以下简称"中国科大"）在北京成立，服务于我国以"两弹一星"工程为代表的尖端科学技术发展的人才梯队建设。聂荣臻元帅亲自参与中国科大的创建工作，并几十年如一日，倾情助力支持学校的发展。这固然与聂帅长期分管全国科技工作有关，亦与他个人对中国科大的热心关注息息相关。

创建中国科大

1958年初，钱学森、郭永怀等一批著名科学家向全国人大常委会副委员长、中国科学院院长郭沫若建言，创办一所以培养尖端科学技术人才为目标的新型大学。郭沫若欣然采纳，找到当时分管全国科学技术工作、军队武器装备工作的国务院副总理聂荣臻商量此事。其时，聂荣臻正为尖端科学技术人才不足的问题忧虑：1956年12月，我国发布《1956—1967年科学技术发展远景规划》，随后以"两弹一星"工程为代表的尖端科学技术研究梯次展开，人才不足的问题已经充分显露。分管全国科技和国防工业工作的聂荣臻自是为之忧心不已，于是对此提议双方一拍即合。

1958年5月9日，张劲夫代表中国科学院党组向国务院副总理聂荣臻呈递创办中国科学技术大学的报告。报告中提出："为了充分发挥中国科学院现有科学家的潜力，加速培养我国薄弱和空白的新技术学科的科学干部，促进我国这些学科的迅速发展，提议由中国科学院创办一所新型的大学。这所大学主要是培养目前世界上最新的尖端性学科的科学研究工作干部；所设的专业是目前在一般大学中尚有困难建立，但在中国科学院则具有一定条件的，如核子物理、放射性化学、超音速空气动力学、超高频技术、计算技术、地球化学、高空大气物理、射线生物、半导体等。"聂荣臻非常支持这一设想，时隔十余日，便亲自拟写好创办中国科学技术大学的报告，呈递中共中央书记处，报告内容如下：

中央书记处：

　　中国科学院拟办一大学，我认为是可行的，昨与恩来同志面谈时，他也很赞成。校址科学院曾建议用原华北行政委员会旧址，我与彭真同志谈过请市委予以调整。请中央同志批准，以便立即着手筹备暑假招生。

聂荣臻

一九五八年五月二十一日

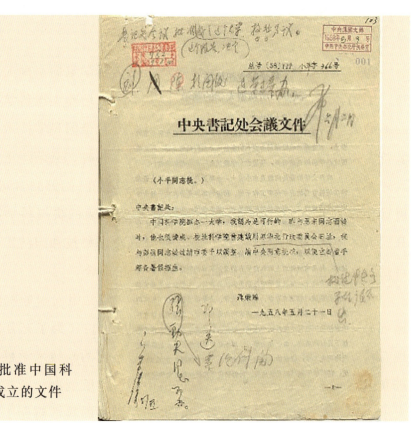

中央书记处批准中国科学技术大学成立的文件

1958年6月2日，时任中共中央书记处总书记邓小平代表中央书记处在这份报告上批示："书记处会议批准这个报告，决定成立这个大学，校址另议。刘、周、陈核阅后，退荣臻办。"刘少奇、周恩来、陈云分别在报告上圈阅表示同意。聂荣臻接到批示后，立即批转："张劲夫同志即办，即送。"中国科大由此开始正式筹建。

在筹建中国科大的过程中，首先要解决的就是校址问题，选址方案几遭否定，拖延难决。聂荣臻闻讯，即多方协调并拍板，中国科大校址暂定为北京市玉泉路19号。中共中央办公厅主任杨尚昆同意将北京市玉泉路原中央党校二部所属地块和房舍移交给中国科学院以作中国科大筹建之用，但该址此前已商定交给解放军工程兵设计院。中央军委秘书长黄克诚得知此事，立即下令已进驻的工程兵设计院进行搬迁。中国科大找到了"落脚之地"。

中国科大6月份筹建，9月份正式开学，时间之紧，实属罕见，尤其是要完成1600余名优秀学生的招生工作，更是无比困难。再者，中国科大启动招生工作时，全国高考志愿填报工作已经开始，此时要立即对全国各地的中学和考生展开宣传，仅凭学校之力恐有无解之虞。聂荣臻亲自出面沟通，中国科学院党组报请中央，通知各省市主管部门允许中国科大在当年优先录取一批政治表现好、学习成绩优秀的考生入学。各省市接到通知后，认真贯彻执行，为中国科大顺利开学提供了有力的生源保证。

聂荣臻非常关心中国科大的教学工作，他高度赞赏中国科学院"全院办校、所系结合"的办学方针，听说严济慈、华罗庚、钱学森、吴有训等著名科学家将要赴学校兼职授课，认为此法甚好，鼓励中国科学院各研究所的科学家多加效仿，走上讲台，把最新的科学知识传授给学生。

1958年9月20日，中国科学技术大学成立，举行开学典礼。聂荣臻副总理出席典礼并作题为《把红旗插上科学的高峰》的致辞。他认为，"在科学技术工作方面，必须大力培养新生力量，以满足国家建设的需要，创造一种新型的大学是十分必要的"。他要求同学们"忠实于共产主义事业，艰苦奋斗，忘我劳动"，成为"既掌握坚实的科学基础理论，又掌握技术操作方面的全面人才"，激情满怀地号召全体师生"把红旗高举起来，插上科学的高峰"！开学典礼开始之前，聂荣臻在郭沫若校长的陪同下查看了学校的教室、实验室、运动场和宿舍，与同学们亲切交谈，勉励同学们继承中国人民抗日军事政治大学（以下简称抗大）的优良传统，树立良好的校风。

聂荣臻在中国科大开学典礼上致辞

关注中国科大发展

中国科大成立以后，聂荣臻一直关心学校的发展。1960年国民经济困难时期，聂荣臻十分关心中国科大师生们的生活和健康，嘱咐学校领导和后勤管理岗位上的同志尽可能把伙食搞好，把生活安排得好一些，以保证教学任务的圆满完成。对于中国科学院各研究所的兼职教师从中关村到学校上课的交通问题，他也亲自过问。他还告诫同学们不要因为进了中国科大就骄傲起来，应该刻苦学习、努力钻研，掌握过硬的本领。

1963年7月14日，中国科大举行首届毕业典礼，聂荣臻到会，并向全校师生表示祝贺。他鼓励同学们要树立远大理想，服从祖国的需要，在生产岗位上巩固、丰富和验证自己的知识，做到心灵手巧。他认为，"科学技术上面没有什么取巧的捷径，要想攀登科学高峰，就得从基础开始，就要用笨功夫"。他还告诫同学们不要重研究、轻生产，重理论、轻实验，不要轻视工作岗位上的"小事情"，要充分认识从事生产技术和实验工作的重要性，要从最基本的事情做起。他要求同学们要有科学的态度和求真务实的工作作风，在具体工作中，"每一次试验、每一个数据、每一步操作，都要认真严格地去做，都要按科学规律办事"，做到"实事求是，一丝不苟"，同时在尊重科学规律的基础上，勤俭办科学，"精打细算，尽量用最少的条件做出最多的工作"。毕业典礼结束后，聂荣臻现场题词："科学工作革命化，科学技术现代化"，鼓励同学们在红专并进的道路上，永不懈怠，奋勇前进。

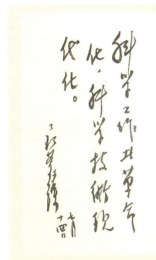

聂荣臻题词

聂荣臻（前排右一）参加中国科大首届毕业生典礼

1970年1月，中国科大辗转南迁合肥。聂荣臻依然关心中国科大的发展，当听到学校的工作有成绩时非常高兴，并多次在学校举办校庆活动时挥笔题词或发来贺信。1978年9月，中国科大建校20周年，聂荣臻其时身体不适，虽握笔困难，仍坚持草书百言，以表贺意："科技大学办学二十年，成绩卓著，培养的大批科技人才已成为今日科技战线上的骨干力量。"他为中国科大的办学成就感到自豪，同时希望学校"总结经验、再接再厉，为祖国'四个现代化'的建设，出更多更辉煌的科技成果"。1983年9月，聂荣臻给学校发来贺信，表示很高兴看到中国科大在人才培养、科学研究和教学上取得了显著的成绩。1988年，聂荣臻再次为中国科大题词："三十年来/桃李天下/科技路上/贡献殊大/继续革新/团结奋发/再接再厉/强吾中华"。题词虽短，语重心长，表达了他对中国科大的殷殷期望。

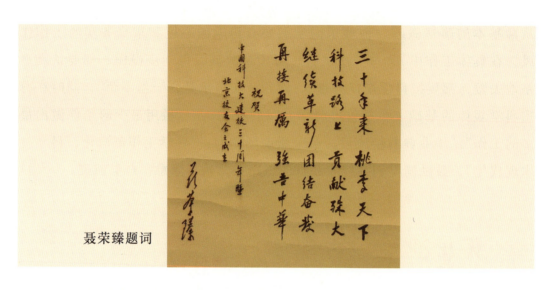

聂荣臻题词

1989年4月，聂荣臻致函中国科大党委，回忆学校的创办过程，并将1958年中国科学院党组给他的报告及中央书记处批准创办中国科大的两份珍贵材料寄给学校。这两份材料记载了当初中国科大成立的原因、办学任务、培养目标、培养方法以及办学的有利条件和存在的困难。回想起学校创建时大家迎难而上，同心同德，争分夺秒为事业而奋斗的往事，他感慨良多，认为这种精神值得永远传承。同年6月，聂荣臻再次致信中国科大，勉励全校师生重振学校革命精神，继承学校优良传统，为办好学校而努力奋斗。

关心国家同步辐射实验室建设

国家同步辐射实验室坐落在中国科大校园内，是原国家计划委员会于1983年批准建设的我国第一个国家实验室。实验室建有我国第一台专用同步辐射光源，其主体是一台8亿电子伏特储存环。它产生的同步辐射光强度大、亮度高、频谱连续、方向性及偏振性好，可应用于物理、化学、材料、生命、信息、力学、地学、医药、农学、环境保护和超微细加工等众多基础研究和应用研究领域。

1984年11月，作为当时我国"重中之重"的两个科技项目之一，时任国务院副总理方毅表示"当了裤子也要建设"的国家同步辐射实验室在中国科大校园里破土动工。聂荣臻此时虽已不再分管国家的科技工作，但得知这个消息后也兴奋不已，致函中国科大："国家同步辐射实验室即将破土动工，这确是一件喜事，是中国科技大学建设史上的一件大事，并将对合肥科研教育基地的建设和我国科学技术、工农业发展起着重要作用，因此很值得庆贺。"

1989年4月，同步辐射光源建成出光，国之重器始露峥嵘。聂荣臻再次致函，表示祝贺。1991年12月，同步辐射光源通过国家验收，由中国科大负责设计和研制的国家同步辐射加速器及光束线、实验站先后通过了由国家科学技术委员会组织的科技成果鉴定和由国家计划委员会组织的工程验收。时年92岁高龄的聂荣臻得知这一消息后，非常高兴，特嘱工作人员致电中国科大："这又是一个通过自力更生、艰苦奋斗而取得的伟大胜利，希望同志们继续努力，永攀高峰，为'四化'大业做出新的贡献！"1992年5月，聂荣臻与世长辞，他与中国科大合力共奏的互动交响曲就此定格，任回声在历史的长廊中久久飘荡……

◆ 方黑虎 ◆

郭沫若与中国科学技术大学校风

20世纪50年代末，北京的高等学校之间流传着这样一则谚语："穷清华、富北大，不要命的上科大。"其大意是：清华大学的学生多来自工农家庭，北京大学的学生多来自知识分子和干部家庭，而中国科学技术大学的学生在学习上大多具有拼命三郎的精神。据中国科大老校友回忆，当年政府经常组织北京高校学生参加各种庆祝游行活动，中国科大的队伍最好分辨，如果哪支队伍停止行进之际，学子们持书在手学习，便属中国科大无疑。时至今日，"穷清华、富北大"已是陈年往事，"不要命的上科大"的金字招牌却历久弥新，光彩不减当年，每年高考填报志愿之际，很多优秀学子在选择学校时便会提起。中国科大甫一创建便树立了这样良好的学习风气并流传至今，与首任校长郭沫若积极倡导树立"勤奋学习、红专并进"的优良校风息息相关。

1958年9月20日，郭沫若校长在中国科大首次开学典礼上谆谆教诲同学们要树立远大的目标，"学校的任务就是培养你们成为科学尖兵，你们的任务也就是要作为科学尖兵为国家建设服务"，"希望我校的同学们，人人都成为多面手，我们不仅要掌握尖端，而且要有深厚的基础，广博的知识，丰富多彩的技能"。他要求同学们为实现目标而努力，"坚决把抗大精神继承起来，努力学习，刻苦锻炼，辛勤劳动，大胆创造，团结互助，英勇活泼，不在任何困难面前低头"。同时，郭沫若校长在他撰写的中国科大校歌歌词里也明确提出"把红旗高举起来，插上科学的高峰"，这个对办学目标的形象比喻不仅体现了"勤奋学习、红专并进"的精神内涵，也勾勒出中国科大科教报国、追求卓越的初心和使命。1958年下半年，全国开展"大炼钢铁"运动，很多高校长期停课让学生炼钢而耽误了教学，中国科大也不例外。郭沫若校长敏锐地察觉到学校的主要工作偏离了方向,在学校领导层中表达了自己的意见:"在学校,学生就是要读书,学生不读书,还叫什么大学?学习同样也是为了革命!"就这样,中国科大停课三周之后,同学们又回到了他们的主战场——课堂,继续勤奋学习,努力攀登科学的高峰。

1959年9月8日,郭沫若校长在中国科大的开学典礼上作题为《勤奋学习、红专并进》的致辞,正式提出了"校风"概念,"我们的校风是好的,就是勤俭办学,艰苦朴素,红专并进,团结互助",并特别解释了"红专并进"的含义。他认为,个人钻研、认真读书不能和个人主义同等对待,鼓励同学们既要政治思想过硬,又要认真读书,才能红专并进。同时,他还告诫同学们:"在今天,不专不红的懒汉是不能容许的,但只专不红或者只红不专的人,也不能满足国家的需要。不红则专不能深,不专则红不能透,这是可以肯定的。我们必须又红又专,红透专深,两条腿走路,走到底。"开学典礼结束后,郭沫若还为学校专门题写了校风"勤奋学习,红专并进!",希望以此激励学子。

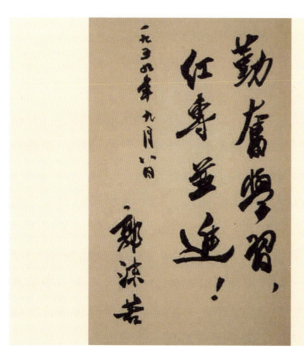

郭沫若题写的校风手迹

对于"红"和"专"的关系,陈毅元帅当年在中国科大作报告时曾举例说明。他说，如果一个飞行员很"专"，技术非常高，但是没有政治方向，那他飞到天上可能就跑了；另一个飞行员的政治方向非常坚定，很"红"，但驾驶技术非常差，那他飞上天去很可能就被人打下来了。这两个都不行，因此必须"又红又专"。

聂荣臻元帅在中国科大首届学生毕业典礼上把"红"解释为"革命化"，要为人民服务，"专"就是"现代化"，要掌握先进的科学技术。他鼓励同学们既要忠诚于党和人民，全心全意为社会主义建设服务，又要掌握先进的现代科学技术，切实、出色地解决我国"四个现代化"中的科学技术问题，做到"又红又专"。

著名物理学家钱三强对"红"与"专"的关系也给出了个性化的解读。他说，"红"与"专"好比物理学里的"矢量"，"红"代表方向，"专"代表矢量的长度，大家"合力"向前推进。不能不注意方向问题，如果方向搞反了，那是帮倒忙；也不能不注意长度的问题，如果只红不专，那么即使方向对头，贡献也不大。所以，总的来说，应该提倡"又红又专"。

有郭沫若校长的亲自倡导，有陈毅、聂荣臻等老一辈革命家的亲切关怀，有严济慈、华罗庚、钱学森等老一辈科学家的率先垂范，中国科大"勤奋学习、红专并进"的纯正校风在全体师生心中快速扎根并不断生发，虽历经波折而不变其宗，成为中国高校中的一道风景线。

中国科大在建校之初就设有通宵教室，方便一些习惯夜战的同学"开夜车"。"开夜车"的同学凌晨回到宿舍时常会遇到"开早车"的同学，虽然行进方向不同，却是同道中人，他们完美诠释了通宵教室的"通宵"二字。中国科大南迁合肥之后，通宵教室也得到恢复和保持，第一教学楼总有几个教室的灯火彻夜通明。直到世纪之交，为保护青年学生的身体，学校关闭了通宵教室，通宵教室才成为历史，勤奋学习的传统却历久弥新。20世纪80年代，校园里曾发生过这样震撼的一幕。某日，第二教学楼突然停电，于是教学楼里欢呼声一片，随之大批学生涌向教学楼前的空地。同学们在苦读之际享受一下"天赐"的休息良机，感到兴奋无比。无奈，计划没有变化快，正在大批同学下楼之际，教室里的电灯又亮了，毫无成人之美的雅量。同学们的兴奋瞬间冷却，正在下楼的人流像接收到统一指令般迅速"回流"。3分钟之后，整座教学楼鸦雀无声。这样的例子还有很多，中国科大的学子很容易沉浸到安心学习的氛围之中，有时甚至能达到物我两忘的境界。

中国科大的学生不仅"专"而且"红"，大批毕业生投身国防军工行业，其中涌现出32位科技将军。曾有校友回忆，20世纪80年代，国家某型火箭发射前，召开各分系统总工程师协调会，到会的10余位总工程师竟然有一半毕业于中国科大。在近年实施的高水平青年人才引进计划中，学成归国的中国科大学子数量也高居全国高校第一。这是中国科大人不忘初心、科教报国的历史交响。华为集团总裁任正非在考察全国众多高校之后曾感慨："中国之大，也许只有科大还容得下一张平静的书桌。"此言或许并不完全符合实际，但中国科大"勤奋学习、红专并进"的校风确实纯正依然、令人称道！

1988年9月，中国科大建校30周年之际，广大校友捐资建造的校风纪念碑在校园里落成，"勤奋学习、红专并进"作为中国科大的校风正式确立并将伴随着中国科大永久流传。

中国科大校园里的校风纪念碑

◆ 方黑虎 ◆

郭沫若与中国科学技术大学校歌

校歌是一所大学的文化符号，其内容往往反映时代需求，体现时代特征，凝练了学校的培养目标和育人路径。通过不同的形式传唱校歌，对内可以凝聚人心、激励师生员工为了共同目标而奋斗，对外则能够展示形象、唤起社会各界对学校的关注并获得支持。

中国科学技术大学校歌《永恒的东风》由首任校长郭沫若亲自填词，中国音乐家协会主席吕骥作曲，经过60多年的传唱，影响了一代代中国科大人，也在社会上广为流传。其全部歌词如下：

> 迎接着永恒的东风
> 把红旗高举起来，
> 插上科学的高峰！
> 科学的高峰在不断创造，
> 高峰要高到无穷，
> 红旗要红过九重。
> 我们是中国的好儿女，
> 要刻苦锻炼、辛勤劳动，
> 在党的温暖抚育、坚强领导下，
> 为共产主义事业作先锋。
> 又红又专，理实交融，
> 团结互助，活泼英勇，
> 永远向人民学习，
> 学习伟大领袖毛泽东！

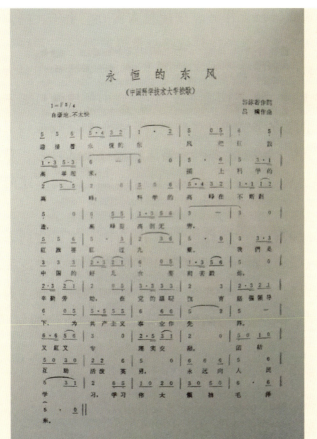

《永恒的东风》歌词

　　校歌歌词语言平实，虽没有引经据典，亦少华丽辞章，但其主题鲜明，自有特色。歌词中以报国为底色、科学为目标、学习为路径的深刻内涵体现了这首歌的精神追求和视野，再辅以形象的比喻，给这一组极富时代特色的歌词增添了一抹亮丽的浪漫主义色彩。歌词易学易唱，提高了校歌的传播频率，扩大了校歌的传播范围。

　　1958年9月，中国科学院在北京创办了中国科大，旨在为我国业已展开的以"两弹一星"工程为代表的尖端科技事业培养后备人才，全国人大常委会副委员长、中国科学院院长郭沫若兼任校长。从中国科大创办的历史背景和办学目标来看，《永恒的东风》歌词中彰显的"报国""科学"和"学习"概念正是中国科大的精神内核之所在。中国科大在中国高等教育界久负盛名，乃至在全球都有重要影响，也是由于其在办学过程中始终面向世界科学前沿，面向国家需求，坚持弘扬"勤奋学习、红专并进"的优良校风，培养出了一大批德才兼备的高素质科技工作者。中国科大素有"千生一院士"之美誉，同时在量子通信、高温超导等科技领域跻身世界前列。

身为中国现代久负盛名的文化学者之一，郭沫若非常重视中国科大的校园文化建设，他在中国科大成立暨开学典礼上说："我们的同学只要不荒废专业，尽管可以在文化艺术等方面发挥自己的兴趣。我们的学校应该有适当的文娱活动和弦歌之声。"为了这弦歌之声，郭沫若校长小试牛刀，草拟了中国科大校歌歌词，经多方征求意见并修改，最后形成了前文所述的歌词文本。

1958年9月15日，郭沫若致函中国科大党委书记郁文："郁文同志：我为中国科大拟了一个校歌，请您审阅；并请印出，向院内校内广泛征求意见，修改。定稿后，即托人制谱（由我找人也可以）。如能赶上开学天，由同学们唱出，是值得争取的。"郭沫若随函附上了自己的初稿，全词如下：

> 迎接着永恒的东风
> 把红旗高举起来，
> 插上科学的高峰！
> 科学的高峰在不断创造，
> 高峰要高到无穷，
> 红旗要红过九重。
> 我们是中国的好儿女，
> 要刻苦锻炼、辛勤劳动，
> 为社会主义建设作先锋。
> 又红又专，亦工亦农，
> 团结协作，活泼英勇，
> 争赴尖端，决不脱离群众！
> 学习啊，学习啊，努力学习啊，
> 学习伟大的领袖毛泽东！

对比前后两份歌词，我们可以看到歌词中报效国家、勤奋学习、攀登科学高峰的主题没有变化，只是后半部分内容有较大出入。

郁文接到郭沫若校长的来函，即吩咐学校相关部门印制多份校歌歌词，送校内部分同志征求意见，并要求"请您提出修改意见，于十六日前退还给我"。从现有记录来看，中国科大党委副书记张新铭、自动化系党总支副书记刘宏、无线电电子学系主任助理林佑、地球化学系主任助理李潮等人都收到了校歌歌词草稿。

9月16日，党委副书记张新铭汇整校内人员的建议之后向郁文报告："综合了大家的修改意见，请您考虑选交修改的方案，再请示郭老。"对比修改前后的两份歌词，我们可以得知，中国科大校内人员提出的一些修改意见被郭沫若校长采纳，比如建议改"社会主义"为"共产主义"，改"团结协作"为"团结互助"等。经过这次大范围的修改，中国科大校歌歌词基本确定如下：

> 迎接着永恒的东风
> 把红旗高举起来，
> 插上科学的高峰！
> 科学的高峰在不断创造，
> 高峰要高到无穷，
> 红旗要红过九重。
> 我们是中国的好儿女，
> 要刻苦锻炼、辛勤劳动，
> 在党的温暖抚育、坚强领导下，
> 为共产主义建设作先锋。
> 又红又专，亦工亦农，
> 团结互助，活泼英勇，
> 永远向人民学习，
> 学习伟大的领袖毛泽东！

9月17日，郭沫若校长向周恩来总理汇报工作时，将自己9月20日在中国科大首届开学典礼上的致辞内容向周恩来总理做了简要汇报,并将校歌歌词呈请总理审阅。周恩来总理阅后当场回应,将校歌歌词"为共产主义建设作先锋"改为"为共产主义事业作先锋",其余部分如前未动。

歌词甫一确定,郭沫若即邀请中国音乐家协会主席、中国人民抗日军事政治大学校歌曲作者吕骥为中国科大校歌作曲。为什么请吕骥作曲?郭沫若校长有自己的考虑:"吕骥同志是抗大校歌的作曲者。我们的校歌得到他的作曲这就使得我们的学校能够有声有色地继承着抗大的传统……我要请同学们坚决地把抗大精神继承起来,努力学习,刻苦锻炼,辛勤劳动,大胆创造,团结互助,英勇活泼,不在任何困难面前低头,迅速地把自己锻炼成为社会主义的建设人才。"吕骥接到邀请后,两天之内就为《永恒的东风》谱写好激越雄壮的旋律,并根据发音要求提出删除"伟大的领袖毛泽东"一句中之"的"字,得到了郭沫若校长的同意。

9月19日,郭沫若校长邀请吕骥专程赴中国科大,借用解放军政治学院大礼堂教1500多名学生学唱校歌,为次日中国科大成立暨开学典礼上全体人员合唱校歌做准备。学校成立暨开学典礼议程第一项即全体与会人员合唱校歌,中国科大人在穿透时空的校歌声中踏上了科教报国的宏远征程。

中国科大学生在校园里学唱校歌

1959年，郭沫若校长感于学校理工结合、理论与实践相结合的办学特点，对校歌歌词进行微调，改"又红又专，亦工亦农"为"又红又专，理实交融"。至此，中国科大的校歌歌词最终定稿。

1977年8月，中国科学院在北京召开中国科学技术大学第一次工作会议，中国科大与会代表提请郭沫若校长重新审定校歌歌词，希望恢复校园里的"弦歌之声"。郭沫若校长在重新审定之后，由其办公室工作人员回函："你们送来的郭老为你校写的校歌《永恒的东风》，已请郭老看过了。郭老没有提出修改意见。对于附来的两个稿子上，有一句不同的地方，郭老认为还是用五九年改过的'理实交融'为好。"

2008年，中国科大建校50周年之际，有些社会人士提出修改校歌歌词，以使其更加符合现代社会的语言环境。可是中国科大人很理智，一致认为《永恒的东风》歌词富有时代特色，承载了中国科大红专并进、科教报国的理想，也充分阐释了中国科大的核心价值观，已经成为中国科大的标志性文化符号，决定不做修改。

60余年来，校歌的旋律时常回荡在平日的中国科大校园内，鼓舞着万千师生加快攀登科学技术高峰的脚步，其中更有一些特别的时光值得珍藏。2016年4月26日，习近平总书记视察中国科大，即将离开校园之际，夹道送别的师生不约而同、合声共唱《永恒的东风》，既流露出中国科大人不忘科教报国之初心，亦将送别之景凝聚成校园内一份永恒之记忆。

◆ 方黑虎 ◆

郭沫若与《中国科学技术大学学报》

1958年9月20日，中国科学技术大学在北京正式成立，全国人大常委会副委员长、中国科学院院长郭沫若兼任首任校长。中国科学技术大学的办学目标是为以"两弹一星"工程为代表的我国尖端科学和高新技术研究储备人才，这要求中国科大成为一所教学和科研并重的大学。同时，中国科大依托中国科学院办学，实施"全院办校、所系结合"的办学方针，由中国科学院相关研究所对口建设和支持中国科大的系科专业，早期大部分授课教师由中国科学院相关研究所支援。"政治、外语和自然科学的基础课程，尽量配备专职教师讲授和辅导，不足时得请人兼课。专业课教师主要由各所研究人员兼任，专业课的试（实）验也在研究所内，利用各研究所的设备进行。"

建校之初，中国科大首先建立起基本完整的教学体系，同时在专业教师和科研条件不足的情况下，尽其所能地开展科学研究工作。1959年2月，中国科大举行了第一次科学研究工作报告会，参加科研工作的师生分别就脉动式发动机、半导体三极管、人工降雨火箭、自动控制闪烁能谱仪、超声波混凝土探测仪的试制工作进行了报告。1959年4月，中国科大党委书记郁文在学校第一次党代会上作报告，指出今后一段工作要"以提高教学为中心，加强生产劳动，建立科学研究工作，使教学、生产劳动、科学研究更好地结合起来"。1960年，中国科大制订了科学研究计划，在原子能科学技术、固体物理、地球化学、计算机技术、火箭及喷气技术、探空技术等方面展开探索，全面布置学校的科研工作，在教学与科研并重的道路上走出了坚实的第一步。

随后几年，华罗庚、钱临照、杨承宗、钱志道等著名科学家将工作重心转移到中国科大的专业建设上，学校的师资队伍逐渐壮大，研究水平不断提高，研究规模渐渐扩大，科研成果持续增加，但是出现了部分高水平理论成果得不到公开发表的困难，不利于高水平的学术交流和校内教师的成长。

1964年，经中国科学院党组和中共中央宣传部批准，中国科大决定创办一份公开发行的学术性刊物——《中国科学技术大学学报》，用来"刊登本校师生员工科学研究论文、学术评述、学生的毕业论文（或毕业设计）、教学方法和教学经验的介绍等方面文章"，促进"教学工作和科研工作的发展"，"加强与兄弟院校、科研单位的相互学习和交流经验"。学校成立了《中国科学技术大学学报》编辑委员会，著名数学家华罗庚任主任委员，严济慈、钱志道任副主任委员，钱临照、杨承宗等17名学者任委员，另外聘请郭永怀、赵九章、傅承义、钱人元、陈芳允、夏培肃、吴文俊等著名科学家任兼职委员。《中国科学技术大学学报》的编委会阵容堪称超豪华，寄托的是我国老一辈科学家科教报国、为国育人的殷殷期望。到1966年底，《中国科学技术大学学报》出版发行了3期，华罗庚、陈芳允、王元等著名科学家率先垂范，在学报上发表了高质量学术成果，引领了中国科大科学研究工作之风气。

1964年11月12日，《中国科学技术大学学报》编辑委员会致函郭沫若校长，表示"请您抽暇为学报创刊号写一篇发刊词和刊名'中国科学技术大学学报'10个字"。郭沫若校长欣然为学报题写了刊名，但在要不要题写发刊词的问题上思虑再三，最终于12月11日撰写了发刊词交付学报编辑委员会，并再次叮嘱："发刊词稿请大家酌改。不可用就不必用。学报不用发刊词恐怕更好些。"这里固然表现出郭沫若校长一贯的谦虚精神，或许更反映了他出于对科学研究工作的重视而慎重其事。郭沫若校长曾经多次鼓励中国科大的同学们争当国家的科研尖兵："我们不仅要攀登上科学的高峰，还要不断创造科学的高峰，使高峰高到没有止境"，"认真学好功课，鼓励个人钻研，发扬个人的自觉性和首创精神，敢想、敢说、敢做"，"你们不仅在创建校园，而且在创建校风，将来还要创建学派"。

《中国科学技术大学学报》学报发刊词

郭沫若校长在千余字的发刊词中介绍了创办《中国科学技术大学报》的目的和基本条件，对《中国科学技术大学学报》编辑委员会提出了"严密、严格、严肃"的工作标准，进而对科研工作者提出了"严密、严格、严肃"和"敢想、敢说、敢做"相结合的要求。他认为："严于律己，正是为了要培养我们的敢想、敢说、敢做的独创精神，绝不是束缚我们的独创精神。独创精神不是不负责任的胡思乱想、胡说八道、胡作非为，而是在坚实的科学基础上的创造性的解放，前无古人，勇往直前。"郭沫若以布鲁诺为例，阐述了科学真理一开始总是掌握在少数人手里，杰出的科学工作者敢于坚持真理，"敢于和多数的不合理作不挠的斗争，甚至把生死置之度外"，并最终取得胜利。他鼓励当代科研工作者努力工作，发挥自己的聪明才智，提出自己独创的见解。他希望《中国科学技术大学学报》成为"百花齐放、百家争鸣"的园地，"让这儿有四时不息的香花，有万籁共鸣的交响"。

1965年2月，《中国科学技术大学学报》第一期出版发行；1967年，受

"文化大革命"（以下简称"文革"）影响而停刊；1973年，《中国科学技术大学学报》在安徽省合肥市复刊，因印刷条件不足等困难改为内部发行；1981年，中国科大克服印刷困难，重新公开出版发行《中国科学技术大学学报》。到今天，《中国科学技术大学学报》已经成长为综合性、有重要影响的自然科学学术期刊。

《中国科学技术大学学报》第一期封面

◆ 方黑虎 ◆

郭沫若的中国科大情怀

郭沫若(左)与严济慈(右)

这张照片拍摄于1977年8月10日的北京饭店。从照片中可以看到,时年85岁的郭沫若笑容可掬,他与严济慈亲切握手,久久难分。1980年2月,严济慈成为中国科大第二任校长,带领中国科大开启了新的历史征程。

中国科大前后两任校长的亲密关系可以追溯到1949年底。那时,中国科学院刚成立,时任中国科学院院长郭沫若邀请著名物理学家严济慈负责中科院的行政领导工作。严济慈委婉推辞:"一个科学家离开实验室,他的科学生命就等于结束了。"郭沫若说:"你说得对,但是如果因此使千万人进入实验室,这不是比我们自己在科学上做出贡献更有价值吗?"因此,严济慈打消顾虑,决心搁置个人的科研追求,任职中国科学院办公厅主任。

在这样的历史背景下,1977年的这次握手对于中国科大来说,具有非同一般的象征意义,似乎意味着严济慈从郭沫若手中接过中国科大科教报国、勇攀高峰的接力棒。

1977年8月5日至13日,中国科学院在北京召开第一次中国科学技术大学工作会议。郭沫若虽然一直关注此事,无奈由于事务繁重,而且身体状况欠佳,没有参加此次会议。8月10日下午,包括严济慈副校长在内的与会中国科大代表,集体来到郭沫若下榻的北京饭店,看望久违的老校长。当郭沫若出现在会客厅时,大家热烈鼓掌,很多人情不自禁流下了激动的泪水。

郭沫若与参加中国科大工作会议的代表们交流

郭沫若和大家一起谈起了中国科大的过往、现在与未来,对中国科大寄予厚望,他表示等来年天气暖和了,很想到合肥去看看中国科大的同志们。最后,他为中国科大题词:"忠诚党的教育事业",为中国科大的发展指明方向。相聚总是短暂的,郭沫若离开会客厅时依依不舍,频频向大家挥手,眼光中饱含着对中国科大的深情和期待。

郭沫若为中国科大题词

8月13日，在郭沫若的关心和推动下，中国科学院第一次中国科学技术大学工作会议圆满结束。会议提出，一定要办好中国科学技术大学，使之既成为一个教学中心，又成为一个科学中心。8月19日，《人民日报》报道了这次会议并在编后语中评论："在教育要大上的形势下，中国科学技术大学先迈开了一大步。"这次会议标志着中国科大率先从"文革"的混乱中走上了以教学、科研为中心工作的正轨，奏响了中国科大教育改革的序曲，为中国科大在20世纪80年代的重新崛起奠定了基础。

"文革"期间，郭沫若遭受冲击，被羁留在北京。1970年，中国科大南迁合肥。"文革"结束后，郭沫若一直想再看看由他亲手创办的中国科大，可终究未能如愿。

郭沫若的女儿郭庶英曾回忆，1977年她借出差合肥的工作之便，顺便走访了母校中国科大，返回北京后告诉父亲，中国科大的同志们十分怀念老校长。郭沫若激动地说："等我病好了，我要到安徽去，跟科大的师生员工一道,把科大建设好。"郭庶英劝说道:"您的年纪大了,安徽夏天天气很热,您的身体受不了。"他却反驳道:"不是科大许多人在那里工作吗?"

这次会谈后不到一年,次年6月,郭沫若与世长辞。他在最后的岁月里,一直记挂着中国科大。逝世前,他嘱咐将其15万元稿费积蓄奉献给国家,用作中国科大奖学金,激励青年学子勇攀科学技术高峰。1980年2月25日,国务院正式批准中国科大设立"郭沫若奖学金",这是第一个由国务院批准的高校奖学金,首届"郭沫若奖学金"得主获赠一枚银质奖章和人民币200元。40多年来,"郭沫若奖学金"在中国科大人心中的地位一直是最高的,他们将其视为在校学习期间的最高荣誉。

中国科学院转发国务院批准设立"郭沫若奖学金"的文件

◆ 方黑虎 ◆

严济慈：教书要深入浅出，学习要浅入深出

1981年10月，中国科学院副院长、中国科学技术大学校长严济慈到合肥布置学校重大工作，夜宿合肥市稻香楼宾馆，为中国科大师生题词："教书要深入浅出，学习要浅入深出，愿与我的同事、同学们共勉之。"

严济慈为中国科大师生题词

这则题词很有针对性，专注于学校的教学工作。教书要深入浅出，要求老师授课前必须具备深厚的学术基础，有化繁为简的表达能力；学习要浅入深出，要求学生学习时必须领会要点从而融会贯通。这是严济慈老校长在几十年的学习和教学过程中的宝贵心得。

严济慈早年求学时，学习成绩一直名列前茅，曾经创造了小学毕业、中学毕业、考取大学均名列第一的"连中三元"的学习传奇。他后来在何鲁、熊庆来、胡刚复等先生的资助下赴法国巴黎大学留学，又创下一年之内拿下巴黎大学硕士学位的历史记录，并成功获得法国国家科学博士学位。后来，严济慈在南京高等师范学校读书时初涉教坛，在南京高等师范附属中学授课，暑期还给学生补课。根据自己的学习和教学经验，他编写了《初中算术》《几何证题法》两本教材，并由商务印书馆出版。华罗庚、巴金、胡风

等人都读过严济慈编写的《几何证题法》。

1927年秋，严济慈学成归国，同时在上海大同大学、中国公学、暨南大学和南京第四中山大学任职授课。他穿梭往来于两市四地，为四所大学的一至四年级的学生讲授物理和数学课程，每周多达27课时，历时一年。1928年，他再度赴法国深造。

1958年9月，中国科学技术大学成立，严济慈在学校讲授物理学课程。因为严济慈的东阳口音较重，开始上课时，同学们听不懂，总有一些抱怨，随着时间的推移，他们都感受到严济慈授课的魅力而沉浸其中。严济慈讲课时善于化繁为简，碰到抽象的物理学概念时，经常借用道具、动作或者生活中的例子帮助学生理解。他在讲到"有用能"概念时，看到同学们疑惑的眼神，他便用夏天吃冰淇淋的例子来解释：冰淇淋和外界环境的温度不同，因此人们就可以利用它来解暑，这就是物质和外界因温度差异而产生的有用能。他和同学们在课堂上常有互动，以此了解同学们对所学知识的掌握程度，从而随时调整自己的教学进度。课间，他为有疑问的同学耐心解释答疑，顺便享受一下同学们的"端茶倒水"服务。

严济慈通过手上的道具和动作为青年教师进行示范教学

对于教学和学习，严济慈校长还有精辟的阐述。1980年6月，他在和中国科大师生进行座谈时，专门提到了在教学和学习过程中需要注意的要点。

他认为要教好书，除要有真学问外，一要大胆，二要少而精，三要善于启发。"上了台就要摆出'老子天下第一'那个样子，要'目中无人'，要用自己的话把书本上的东西讲出来，要有声有色。"严济慈认为，要讲好课必须"真正掌握自己所要讲的课程的全部内容，自己知道的、理解的东西比要讲的广得多、深得多"，这样才能做到深入浅出。他认为好的老师还要善于启发学生，"你到讲台上讲一个基本概念，就要发挥，要联想，要举一反三，要引人入胜"，把学生引入攀登科学高峰的路径。

严济慈主张"读书主要靠自己，要经历一个从低级向高级、循序渐进的发展过程，就是听(听课)—看(自学)—用(查书)的过程"。他认为，听课要抓住重点，弄清基本概念，然后多做习题；到一定程度后就不需要去听课，自己能看书，又掌握了公式，就完全可以自学；再进一步就可以不必多看书，而是学会查书，要用的时候就去查，了解书本的大致内容，用时自然能够信手拈来。这样就做到了浅入深出。

说到读书，原中国科大副校长、著名数学家华罗庚在指导中国科大学生时，提出读书要"从厚到薄"，与严济慈主张的"浅入深出"有异曲同工之妙。华罗庚认为读书是一个"肢解"和"综合"的过程，在对书本中每一个问题经过细嚼慢咽、真正懂得之后，进一步把全书各部分内容串连起来理解，融会贯通，从而抓住统率全书的基本线索和书中的主要问题，懂得越透彻，书就变得越"薄"。

严济慈、华罗庚的教、学经验，流之经年，今日闻之尚觉余音绕梁，仔细揣摩体会，必有所得。

◆ 方黑虎 ◆

赵忠尧：中国人的脊梁

赵忠尧是中国科大的创建者之一，原子核物理与原子核工程系（1961年改称近代物理系）首任系主任，对中国科大物理学科的发展贡献极大。他曾回忆说："我的确花力气请了所内外不少第一流的专家来系里任教，学生的反映也很好。由于与研究所的联系密切，使近代物理系得以较快地建立起一个专业实验室，开设了β谱仪、气泡室、γ共振散射、穆斯堡尔效应、核反应等较先进的试验。我们很注意培养方法，尽可能使学生在理论和实验两方面得到发展。为了防止实验队伍中缺少理论人才，我们努力使理论、实验专业均衡发展。我们的努力得到了相当的收获，培养出一批理论与实验并重的人才。科大能在短短的时间内与国内一流大学获同等声誉，广大师生员工为此做出了艰巨的努力，回想起来绝非易事。"2000年，为了纪念赵忠尧先生的杰出贡献，中国科大决定建设"赵忠尧纪念馆"。时任校长朱清时专门致

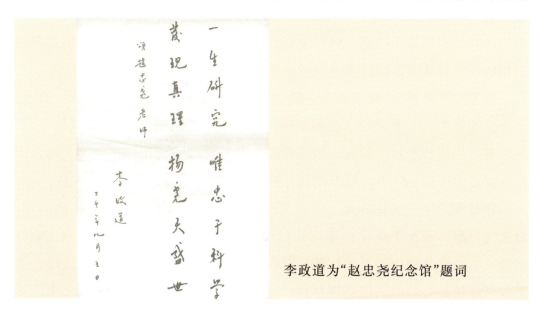

李政道为"赵忠尧纪念馆"题词

函诺贝尔物理学奖得主李政道，请其为纪念馆题词。

李政道于1944年入西南联大物理系读书，曾受教于赵忠尧，受到其在物理学方面的启蒙，素来敬佩赵忠尧先生的学术与人品。他欣然应允朱清时校长的邀请，为赵忠尧教授纪念馆题词：一生研究，唯忠于科学；发现真理，扬尧天盛世。

这份题词是一副藏名联，在上下联的第六个字嵌入了"忠""尧"二字，同时提炼出了赵忠尧身上最具特色的两种可贵品质——探索科学真理和服务国家民族，蕴含了李政道对赵忠尧深厚且诚挚的个人情感。两年后，李政道在中国科学院高能物理研究所举行的"赵忠尧诞辰100周年纪念大会"上说："赵老师本来应该是第一个获诺贝尔物理学奖的中国人，只是由于当时别人的错误把赵老师的光荣埋没了……我们缅怀赵老师为近代物理学中量子力学的发展、为新中国科技教育事业所做的卓越贡献以及他一生为人正直、忠于科学、潜心研究、朴素无华、实实在在的科学精神。"这段话亦是对上述题词最好的诠释。正如李政道所言，赵忠尧的一生是追求科学发达、民族昌盛的一生。他探索真理，在世界上第一次发现反物质——正电子；他教书育人，从东南大学、清华大学、西南联大、中央大学到中国科大，培养出了大批物理学人才；他为国请命，主持建成我国第一台、第二台质子静电加速器；他热心实业，参与创办民族工业企业——长城铅笔厂，襄助实业救国。赵忠尧在回顾自己的人生时曾说："回想自己一生，经历过许多坎坷，唯一希望的就是祖国繁荣昌盛，科学发达。我们已经尽了自己的力量，但国家尚未摆脱贫穷与落后，尚需当今与后世无私的有为青年再接再厉，继续努力。"

鲁迅先生说过："自古以来，我们就有埋头苦干的人，有拼命硬干的人，有为民请命的人，有舍身求法的人……这就是中国人的脊梁！"从整体上看，赵忠尧一生埋首于科学研究、教书育人，称其为埋头苦干的人当之无愧，即使在特定的历史条件下，赵忠尧也有拼命硬干的大勇。

1937年8月，抗日烽火之中的北平城已经沦陷。清华大学分批次南迁，赵忠尧想起实验室中尚有50毫克放射性实验镭，这是当年剑桥大学卡文迪许实验室主任卢瑟福出于对中国的好意在赵忠尧学成回国时而特别赠送的，这是被禁运的最尖端的高能物理材料，也是中国高能物理研究的希望之火，不能落到日本人手里。赵忠尧找到拥有一辆小汽车的梁思成,两人一起冒险返回清华园,在一片狼藉的实验室中寻回盛有镭的铅筒。随后,赵忠尧与梁思成分别,开始了一个人的"长征"。由于特殊时刻找不到更好的防护工具,赵忠尧将铅筒置入咸菜坛子中间,抱着咸菜坛子,跟随难民大军千里跋涉,前往清华大学的落脚地——长沙。历时一个多月,赵忠尧从北京走到长沙,胸部磨出了血印,其中辛苦与危险不难想象。当清华大学校长梅贻琦在长沙临时校园门口看到赵忠尧的时候,禁不住为之落泪,他几乎认不出来这位年轻的教授了。

斯为中国人的脊梁。

◆ 方黑虎 ◆

柳大纲：巧喻诲学子

柳大纲

1983年9月，中国科大举行建校25周年庆典。著名化学家、中国科大化学物理系首任系副主任、80岁高龄的柳大纲先生不辞辛苦从北京赶到合肥祝贺。活动期间，中国科大许多青年学生去拜访这位老先生，他都热情接待，学生们也将他的谆谆教诲记在心中。有同学问："柳老，您说我们化学系的学生学那么多的数学、物理，以后会有用吗？""有用，怎么会没用呢？"柳老微笑着说。他告诫同学们在大学里一定要把基础打得扎实一点，面要广一点，特别要注意各学科之间在方法上、原理上的借用。他说，近代化学已相当广泛地应用数学、物理工具，不仅是在实验上，还有理论上。讨论物质的结构和性能就要用到量子力学的方法，用到群论。数理基础打好了，能使人有较强的空间想象能力，这对学习结构化学很有帮助。柳老强调，化学系的学生不仅要学一点数学、物理，而且要学深一点、好一点，特别是近代数学、物理的理论和方法。柳老一边说，一边从茶几上拿起一个茶杯，比划道："比如一个人做茶杯，他了解了黏土的组成、性质，掌握了制坯、烧窑、上釉等技术，但是若不去学一点中国陶瓷发展史，他至多只能成为一个好的工艺师，却不能成为设计师。只有了解了中国陶瓷技术的发展，了解了当前流行的色彩、造型，才能设计出受人欢迎的茶杯。就是说基础知识面宽了，今后在科研工作中考虑问题的思想就多了，对同一个课题可以从不同角度去考虑，不至于一处受挫就一筹莫展。现在有些同学学习，考完了也就忘记了，那不好。对于基础课可不能马马虎虎轻易放过去。"柳大纲先生还交代同学们要读点科学史，不要埋头读死书，要在读书中领会作者的思路和思想方法；要在实验中培养自己进行科学研究的能力；要注意国内外最新科研动态，为自己直接进入科研最前沿做好准备；要注意提高自己的中、英文表达能力，写文章时能够简单明了地表达自己的观点和思想，改变重理轻文的现象。柳先生的一番话说得同学们心悦诚服，满意而归。

柳大纲先生早年毕业于东南大学，1948年获美国罗彻斯特大学博士学位，1955年当选为中国科学院学部委员。1958年6月，中国科学院筹建中国科大，院属各相关研究所开始筹建中国科大的系和专业。化学物理系由力学研究所和化学研究所共同筹建，力学研究所副所长郭永怀任系主任，化学所副所长柳大纲任系副主任。两位先生一起组织人员开展招生动员工作，制定教学大纲，积极编写教材，并邀请力学研究所、化学研究所大批科学家到中国科大登台授课，为化学物理系的早期发展打下了基础。

1958年7月，中国科大举行第一次系主任会议。柳大纲与参加会议的科学家们一起讨论决定成立物理、化学、数学和政治四个基础课教学小组，施汝为、柳大纲、华罗庚分别任物理、化学、数学基础课教学小组组长。会议要求基础课教学小组就各系基础课学时分布、课内课外学习时间分配、教学大纲和参考材料、主讲教员和助教、实施设备等问题进行研究并提出方案。

7月29日，柳大纲召集人员召开普通化学基础课小组教学研究第一次会议，化学研究所的钱人元、王葆仁、梁树权，物理研究所的杨承宗，学校化学教研组的刘达夫等参加了会议。会议就中国科大建校之初普通化学课程的教学工作做出决定，内容大致如下：全校13个系的普通化学课程分为两类，第一类为加强型，有化学物理等7个系，提出较高的教学要求；第二类为精简型，有力学和力学工程等6个系，提出一般教学要求；决定第一类型课程采用张青莲、戴安邦等编写的无机化学讲义，第二类型课程采用高等工业学校普通化学编写组编写的普通化学教材；要求从科学院各研究所、兄弟高校抽调教员，在开学之前配齐普通化学教员40人；确定学生课堂、实验、复习的时间比例：第一类为每周4∶8∶6，第二类为每周3∶4∶4；实验设备由学校尽力购置，有困难的请中国科学院各研究所支援；所有方案最终由柳大纲汇总。经过一个多月的艰苦准备，至9月20日学校正式开学，柳大纲领导的普通化学小组顺利完成普通化学课程的所有准备工作，保证了中国科大第一批学生的正常上课。1959年4月，学校成立校务委员会，柳大纲担任校务委员会委员。

中国科大南迁合肥以后，柳大纲依然关心学校的发展。1981年7月，澳大利亚科学与工业研究组织化学物理研究所通知我国驻澳使馆，希望中国科学院推荐两名科学家担任该所主编的《放射化学》和《放射化学通讯》杂志的顾问。时任中国化学会副会长的柳大纲先生热情推荐杨承宗担任，他认为这有利于扩大中国科大在国际放射化学界的影响，杨承宗欣然同意。1982年1月，柳大纲先生会同著名科学家贝时璋、施汝为、林一、陈家镛、张文裕、傅承义、谈镐生、朱弘复、汪德昭、朱洪元、王守武、陈宗基、赵忠尧、郭慕孙联名写信给中国科学院领导，建议加强中国科大研究生院(北京)实验室的建设，得到中国科学院的重视和支持。

◆ 方黑虎 ◆

吴仲华:"三元流动"动风云

1979年,我国从英国罗尔斯-罗伊思公司进口了一批用于三叉戟飞机的斯贝发动机,后发现有质量问题,于是向英国厂家提出交涉。英方一开始面对我方谈判代表时总是推三阻四,不愿因质量问题退货,使谈判陷入僵局。我方代表团遂邀请我国著名工程热物理学家吴仲华作为谈判代表,参与和英方的谈判。在接下来的谈判过程中,英方代表发现这个新来的代表不一般,对斯贝发动机的工作原理十分熟悉,很不好对付。于是,英方首席谈判代表请教他的姓名,吴仲华报上自己的名字,英方首席谈判代表闻听之后眼睛就亮了,并随之起立,向吴仲华敬礼说:"你是我老师的老师。"谈判由此顺利进行,英方最终同意退货。英国人为什么如此尊敬吴仲华先生呢?原来三叉戟的斯贝发动机叶片是以吴仲华在美国留学期间发现的"三元流动"理论为基础设计的。

吴仲华,江苏苏州人,中国科学院院士,曾任中国科学技术大学物理热工系(现热科学和能源工程系)首任系主任。1943年底,吴仲华和妻子李敏华双双考取清华大学的公费留美生,在举世闻名的麻省理工学院攻读博士学位。1947年,吴仲华获得科学博士学位,进入美国航空咨询委员会[NACA,美国国家航空航天局(NASA)前身]所属的刘易斯喷气推进研究中心,从事航空发动机基础理论研究。吴仲华在这里多次收到美国联邦政府移民局送来的入籍申请表,希望他加入美国国籍,他始终没有理会。经过三年艰苦的科学探索,吴仲华完成了高难度的叶轮机械内部流动研究课题。1950年冬,他在美国机械工程师学会举行的学术会议上,宣读了他的科学论文《轴流、径流和混流式亚声速与超声速叶轮机械中三元流动的通用理论》。出席会议的科学家们对他为高性能喷气发动机创立的新的基础理论给予了高度评价,国际学术界称之为"吴氏通用理论"。

　　风力发电机、水轮机、火力发电机、飞机发动机靠风、水或燃气等流体推动叶片旋转来工作，叶片是发动机的关键部件，人们把这些旋转的叶片机通称为叶轮机械。叶轮机械效率的高低取决于叶片的形状和它们之间是否相互匹配，设计得好的叶片具有很好的流体力学特性，阻力小、效率高。由于实际的叶片都是三维物体，流体在叶片之间的流动是三维流动，在20世纪50年代之前，人们还无法求解这个三维流场，所以也制造不出更好的飞机叶片。1950年，吴仲华提出"三元流动"理论把三维问题分解为相互有关联的两类流面上的二维问题来求解，初步解决了这个问题，为现代叶轮机械的发展做出了重大贡献。随后，"三元流动"理论在国际上被广泛应用于先进航空发动机叶片的设计，一飞冲天，搅动风云。

　　就在吴仲华宣读"三元流动"理论时，中华人民共和国代表伍修权将在联合国特别会议上发表关于朝鲜问题的演讲。吴仲华得知后，特意请假赶到纽约联合国大厦旁听了这次会议。听完之后，他心潮澎湃，决定回国，希望自己创立的理论能为祖国服务。为此，吴仲华离开了条件优越但研究任务敏感的NACA，转入纽约市布鲁克林理工大学机械系任教。1954年夏，吴仲华

吴仲华在办公室

夫妇携两个孩子借休假之机，利用纽约机场移民局办事处星期日休息的时机，绕过检查，离开美国，取道欧洲，最后花了几个月时间才回到祖国。20世纪80年代初，吴仲华接受记者采访时说："我当时在美国的航天研究所工作，是该研究所唯一的一个中国人，也是仅有的四个非美籍研究人员之一，待遇当然是相当高的，到底一个月挣多少钱，我自己都不知道，只知道喝牛奶比喝水还方便。许多人劝我不要回去。我想，虽然我回到国内会失去已有的优越的生活条件，但我必须回去，因为我是中国人，我爱自己的祖国，我要为祖国贡献我的智慧。"

回国后，吴仲华在中国科学院创立了动力研究室，开始了将理论付诸实践的努力。后来受"文革"的影响，吴仲华一度中断了自己的研究工作，但是即使身处的环境极为困难，他仍执着于中国的工程热物理事业，一有机会就投入科研工作。1971年，邓小平在英国访问期间提出引进斯贝发动机的生产技术，英国人爽快地答应了。邓小平非常高兴，对英国人表示感谢。英国科学家表示斯贝发动机的诞生还要感谢中国科学家吴仲华，他的理论推动了斯贝发动机的诞生。邓小平回国后派人寻找吴仲华，发现他正在湖北的"五七干校"劳动，立即指示将他调回北京从事工程热物理研究工作。恢复工作后，吴仲华亲自到工厂从事航空发动机改型设计与研制工作，为我国几个型号的飞机发动机改型做出了重要贡献。

吴仲华（左）和田长霖参加学术会议

◆ 方黑虎 ◆

吴仲华：培养"研究工程师"

1958年，中国科学技术大学成立，中国科学院动力研究室负责筹建中国科大物理热工系，研究室主任吴仲华为首任系主任。中国科大建立的目的是为以"两弹一星"工程为代表的我国尖端科学技术发展储备人才，围绕"两弹一星"目标，其中有大量的工程热物理问题需要解决，所以需要筹建这样一个系。

建校之初，吴仲华积极参加中国科大系主任会议，和严济慈、华罗庚、钱学森、赵忠尧等著名科学家一起讨论学校招生、各系建制、教学大纲、教学计划和仪器设备等建校时期的重要问题，为学校的成立和初期发展奠定了基础。在中国科大1959级物理热工系的新生见面会上，吴仲华提出了培养"研究工程师"的要求。他希望同学们不仅要成为一名工程师，而且要成为具有研究能力的工程师；只有具备扎实的理论基础，才能够更好地从事工程实践，实现工程创新。吴仲华的培养"研究工程师"的育人目标是中国科大"科学与技术结合"办学特点在工程热物理学科的具体体现。

确定了培养目标，吴仲华立即牵头制订物理热工系的教学计划。他经常和系里师生一起讨论教学、实验等方面的问题，听取他们的意见和建议，安排好课程、教材和教员，如他安排动力研究室最优秀的研究人员参与教学工作。他亲自编写"工程流体动力学"和"叶轮机械气动热力学"课程讲义，给学生指定"气体动力学"和"热力学"课程的教学参考书。吴仲华为本科生讲授多门专业课，如"气动热力学"等，还亲自指导本科生的毕业论文。

2020年9月23日，中国科大1958级物理热工系校友、中国科学院工程热物理研究所吴邦贤研究员主动联系母校校史馆，希望将他珍藏多年的吴仲华当年指导他写本科毕业论文形成的论文评语手稿捐赠给母校，以此纪念以吴仲华为代表的大师们对中国科大教育的认真投入与负责精神，他们为中国科大形成良好的学风打下了扎实的基础。此件手稿由中国科大校史馆永久珍藏，并以多种形式广泛展示，弘扬老一辈科学家精神。

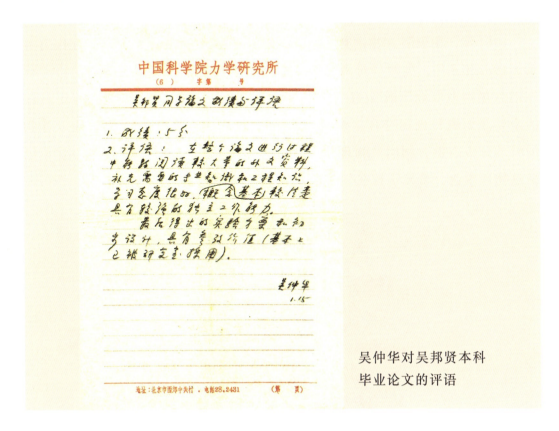

吴仲华对吴邦贤本科毕业论文的评语

吴仲华对吴邦贤的毕业论文评价较高，成绩为5分（注：当时为5分制，5分为最高分），并加以评语："在整个论文进行过程中能够阅读较大量的外文资料，补充需要的专业知识和工程知识，学习态度很好，基本概念较清楚，具有较强的独立工作能力。最后得出的实验方案和初步设计，具有参考价值（基本上已被研究所采用）。"据吴邦贤研究员回忆，他的本科毕业论文题目由吴仲华指定，还给他指明了研究方向，交代他要多找资料，有不明白的问题可以直接来找自己。

吴仲华不仅乐于指导学生，对于提携青年教师也非常热心。中国科大吕文朝教授曾回忆这样一件小事："吴先生编了一本《三元流简化径向平衡计算》的小册子，我看了以后，推导中发现公式有点问题，于是有点犹豫要不要向他指出，他是否会不高兴，或许是个印刷错误呢？我心中一直放不下这件事。有一次见到他,我鼓起勇气向他说起此事,他让我拿过来看看,看后说让所里人改一下。吴先生这样坦然对待,我非常感动,尊重科学、一丝不苟,还说我看文章认真仔细。"何谓大家?由此可见。

1961年,中国科大物理热工系与力学和力学工程系合并,成立近代力学系。1962年8月,吴仲华对两系的合并提出了建设性的意见。他提出将"喷气动力热物理专业"改称为"工程热物理专业",这样范围较宽,与正在做的十年规划题目也相符合。他建议系名改为"力学与热物理系",他以苏联的科学分类为例,阐明热物理和力学是两个彼此独立的学科,近代力学不包括热物理专业。希望学校在划分专业时予以借鉴。

吴仲华在工作

1975年,在"四人帮"疯狂地摧残科学、迫害知识分子的日子里,他还冒着风险赶到已经南迁到合肥的中国科大,担任"中国科学技术大学三元流动理论训练班"的主讲人。每当他登上讲台授课时,眼神中的坚定似乎在告诉人们:"科学真理是抹煞不了的,祖国的飞机一定会安装上世界上最先进的航空发动机!"学生们回忆起吴仲华时,认为他治学严谨、理论基础功力深厚、科学眼光敏锐深刻。他通过课堂教授、学术论文和科学讲座,深深地影响了我国几代热物理和动力工程界人士,还极大地提高了中国科大物理热工系的科学水平,形成了严谨的科学作风。

◆ 方黑虎 ◆

钱临照与中国科大的物理教学

1906年，钱临照出生于江苏无锡，读高小时曾受国学大师钱穆熏陶。1925年，入上海大同大学就读，受教于胡刚复、严济慈等。大学毕业后曾任中学教师，后任东北大学物理系助教。1931年，新成立的北平研究院物理研究所所长严济慈破格录用钱临照为助理员，并指导他开始科研工作。1934年，钱临照赴英国伦敦大学留学。1937年，钱临照回国后任北平研究院物理研究所研究员。为支持抗战，他参与研制高倍数显微镜与建筑用水平仪；此外，他还进行了光谱精细结构的研究工作。1945年后，钱临照改任中央研究院物理研究所研究员，后兼任中央研究院代理总干事。中华人民共和国成立之后，钱临照进入中国科学院物理研究所从事金属物理研究工作。1960年，中国科学院物理研究所金属物理室搬迁到沈阳，钱临照调入中国科学技术大学任教。

年轻时候的钱临照

1958年，中国科学技术大学成立，钱临照为兼职教授，承担普通物理、光学等基础课教学工作。1962年5月21日，在校务常委会上，他被任命为固体物理专业教研室主任。1963年，他又担任了技术物理系副主任。

钱临照和同学们谈心

钱临照在课后为学生们答疑

作为一名资深物理学家，钱临照对物理学理解透彻，掌握了物理学精髓，教学驾轻就熟；即使如此，在备课方面，他仍追求精益求精，常为备一节课而几拟讲稿，甚至面壁试讲，给很多当年的同事、助教、学生留下了深刻的印象。多年来他一直从事实验物理研究，深谙物理实验的重要性，因而在教学中，他不但注重演示实验的运用，而且强调学生要手脑并用，还尽量为学生创造实验条件，使学生尽可能多地得到实验锻炼。他在讲授转动惯量时，曾亲自坐在旋转凳上实验演示，不仅活跃了气氛，还使听课的师生经年不忘。

在教学之余，钱临照不辍物理学研究，他曾拟定两个低温研究的新课题：一是研究金属晶体自室温到低温滑移带的动力学，二是铌三锡超导材料的晶粒度减小可以提高它的临界磁场。可惜的是，这两个课题都因"文革"而中止，所得部分数据也在"文革"中被毁。

1972年，中国科学技术大学复课，招收工农兵大学生。时年66岁的钱临照又重新登台授课，深受欢迎。也就在这个时期，原物理教研室的几位年轻教员在钱临照的积极支持下，成立了相对论天体物理研究小组。几年中，他们坚持理论研究，先后撰写了涉及星系结构、类星体观测资料分析、恒星晚期演化、引力理论等的论文30多篇，发表在《中国科学》《物理》《中国科学技术大学学报》等杂志上。他们还在调研国外文献的基础上，共同编写了《西方宇宙理论评述》一书，把关于"大爆炸宇宙学"等前沿理论首次正确地传授给国人。其间，钱临照查阅了大量的中外历史文献，亲自主笔4万余字，写下书中第一章"西方历史上的宇宙理论评述"。基于天体物理组的以上工作，他们逐渐受到了国内外的重视。一次，美国天文考察团到中国考察访问，考察团团长对天体物理组的研究人员说："你们在星系和宇宙学方面做出了第一流的工作……我相信天文学在中国将会得到很快的发展。"

1978年，由钱临照负责重建中国科大物理教研室，并亲自担任室主任，主持制订全校的物理教学计划。他力主打破专业与基础的界限，将物理教研室、物理系、近代物理系、地球和空间科学系等联合起来，全校统一安排物理教学及其改革，精心挑选教学与科研水平较高的教师主讲基础物理课，并定期举办由校内外或国外专家学者主讲的学术报告会，大大活跃了学术气氛。在钱临照的推动下，在物理教研室内，以原天体物理研究小组为基础，正式成立了天体物理中心（天文与应用物理系的前身）。他又带领部分教师开展固体微结构和高压物理等研究,积极创建固体微结构研究室、电子显微镜实验室和高压实验室。值得一提的是,1979年,钱临照联合柯俊、郭可信等发起成立中国电子显微镜学会,并在次年的学会成立大会上当选为首任理事长。他还力主在中国科大创建结构成分分析中心实验室,并亲自指导研究生,培养了一批优秀的硕士、博士研究生。

◆ 丁兆君 ◆

钱临照与中国科大科学史

钱临照少时就深受钱穆注重考据的治史风格的深刻影响。抗日战争时期，他以现代物理学知识解读《墨经》中所载的光学、力学诸条目，令世界著名的中国科技史专家李约瑟为之惊叹不已。20世纪70年代中期，中国科学院自然科学史研究委员会主任竺可桢和副主任叶企孙先后去世，钱临照自此成为中国科学史事业的带头人。

1980年，在钱临照的大力支持与参与下，中国科大筹办自然科学史研究室。在他的组织领导下，研究室在短期内就聚集了朱兆祥、杨纪珂、范岱年、陈光、解俊民、李志超、张秉伦等在各领域卓有成就的一批学者。钱临照与他们，尤其是张秉伦、李志超，共同教授指导科学史研究室的研究生。同年，钱临照被推选为新成立的中国科学技术史学会首任理事长。1981年，钱临照又被聘为国务院学位委员会第一届学科评议组成员，与王竹溪共同担任物理组组长，并争取到在一级学科"物理学"下设立"物理学史"博士点，开创了我国自行培养科学史博士的历史。此后不久，中国科大科学史研究室便相继获得了物理学史、天文学史与生物学史硕士学位授予权，1984年又获得了物理学史博士学位授予权。

中国科大"全院办校，所系结合"的办学方针在科学史研究室得到了充分的体现。钱临照先后从中国科学院自然科学史研究所延请了杜石然、华觉明、李佩珊等多位专家担任兼职导师。尤其重要的是，他几番周折，将治学勤奋、学风严谨的研究人员张秉伦正式调入中国科大，任科学史研究室的专职教师。作为研究室的业务骨干，20余年来，张秉伦教授为中国科大科学史学科的发展做出了极其重要的贡献。在钱临照等人的不懈努力下，中国科大科学史研究室很快发展成为蜚声海内外的科学史研究机构。1999年，在该研

钱临照关于科学史学科建设的笔记

钱临照(前排左四)与科学史研究室的师生们在一起

究室的基础上成立了科技史与科技考古系。2002年，该系的科学技术史专业经教育部组织专家评审，确定为国家重点学科点，这也是我国科学技术史学科唯一的重点学科点。2003年，该系建立起科技史博士后流动站。2017年9月，教育部、财政部、国家发展改革委印发公布世界一流大学和一流学科建设高校及建设学科名单，中国科大科学技术史学科入选世界一流学科建设名单。同年12月，教育部发布全国第四轮学科评估结果，中国科大科学技术史学科入选"A+"学科。

20世纪90年代，钱临照在担任王宽诚教育基金会推荐委员期间，负责向该基金会推荐出国留学人员。他争取每年派出一位科学史专业的研究人员前往剑桥大学、哈佛大学和加利福尼亚大学伯克利分校等世界名校的科学史专业深造。至21世纪，该系已与美、欧、日等多所著名院、校、所等学术团体建立了交流与合作关系，不断有人员往来，为中国科大的科技史研究与国际接轨奠定了坚实的基础。

自1980年钱临照等人筹建科学史研究室以来，该室（系）已培养科学史专业硕士、博士、博士后100多名，还曾受国家教委委托，开办过物理学史骨干教师进修班，是迄今全国培养本学科研究生数量最多、开设研究生课程最全面系统的教学点。1996年，第七届国际中国科学技术史会议在深圳召开，10多位中国科大科学史研究室的"室友"不期而遇，成为会上特别引人瞩目的一群人。欢聚之间，大家不约而同地想到了远在合肥的钱老，向他发来了热情洋溢的贺信，对这位中国科技史事业的元老以及自己敬爱的师长表达了衷心的祝愿。2006年8月18日至19日，在钱临照诞辰100周年之际，科技史与科技考古系与中国科技史学会联合举办了"纪念钱临照先生诞辰100周年全国科技史学术研讨会"。 受过钱临照先生教诲的众多科技史专业校友共同缅怀了先生在物理学以及科技史领域的卓越贡献，探讨并回顾了钱先生关于科技史学科建设、人才培养和学术研究的思想与方法。不少校友仍记得先生的谆谆教诲及其严谨的治学风格，怀念他宽容、幽默、可亲可敬的人格魅力，生动形象地描述了与先生接触的点点滴滴，表达了对先生的无比崇敬和思念之情。诚如席泽宗院士所言，钱老所关心的科技史事业兴旺发达，后继有人，如果他在天有知，亦当含笑九泉了。

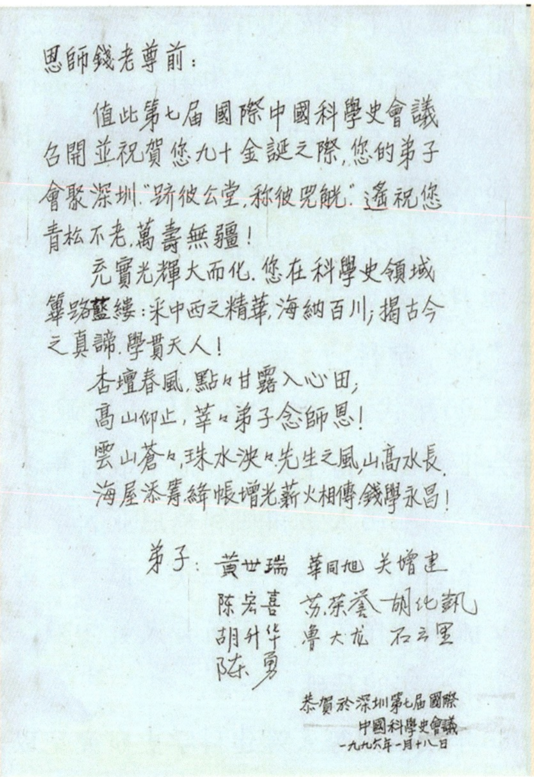

恩師錢老尊前：

值此第七屆國際中國科學史會議召開並祝賀您九十金誕之際，您的弟子會聚深圳，“躋彼公堂，稱彼兕觥”，遙祝您青松不老，萬壽無疆！

充實光輝大而化。您在科學史領域篳路藍縷：采中西之精華，海納百川；揭古今之真諦，學貫天人！

杏壇春風，點々甘露入心田；
高山仰止，莘々弟子念師恩！
雲山蒼々，珠水泱々，先生之風，山高水長。
海屋添籌，絳帳增光，薪火相傳，錢學永昌！

弟子：黄世瑞　華同旭　关增建
陈宏喜　苏荣誉　胡化凯
胡升华　鲁大龙　石云里
陈勇

恭賀於深圳第七屆國際
——中國科學史會議
一九九六年一月十八日

众弟子致钱临照先生90华诞的贺信

丁兆君

杨承宗：小居里夫人的中国弟子

在中国科大校史馆的校史展览陈列中，有一份法文文件特别引人注目。这是一份来自法国巴黎大学、诺贝尔化学奖获得者伊蕾娜·居里（Irène Joliot-Curie）亲笔签署的博士毕业证书，由中国科大创建者之一、放射化学与辐射化学系首任系主任、中国放射化学奠基人杨承宗的家属捐赠给中国科大校史馆永久珍藏。伊蕾娜·居里是玛丽·居里（Marie Curie，居里夫人）的女儿，被世人称为小居里夫人，她是杨承宗在法国巴黎大学留学时的博士生导师。这份毕业证书是杨承宗在法国留学岁月的历史见证，承载着他科技报国的理想。

杨承宗的博士毕业证书

1911年，杨承宗生于江苏吴江的一户农家。5岁时，他跟随年长4岁的姐姐上了镇上的初级小学，9岁时到同里镇就读高等小学。高小毕业后，12岁的杨承宗赴上海，先后入读寻源中学、大同中学附属中学、大同大学理化学院。毕业后，他先后任教于私立爱国女子学校、暨南大学、安徽省立第一高等工业职业学校。1934年，经大同大学校长曹惠群举荐，杨承宗到北平研究院镭学研究所工作，师从副所长郑大章，从事放射化学研究。

郑大章和镭学研究所所长严济慈都是自法国留学归来的博士，严济慈是中国现代物理学的奠基人，也是后来中国科大的第二任校长；郑大章则是将放射化学引进中国的第一人，是居里夫人的亲传弟子。为在国内寻找铀矿，杨承宗随郑大章测量了全国各地著名温泉水中氡的浓度。他们还在国内最早自制了原始的探测仪器——荧光屏，用来做α粒子放射实验。杨承宗还独立制作了盖革计数器，并在国内首次测量铀的同位素分子比例。

1936年，日寇入侵的野心日益显露，北平的一些文化机构开始做撤退的准备。杨承宗被严济慈派往上海，为镭学研究所寻找落脚点。他还独立开展起科研工作，在实验中发现了β射线的散射现象。

1946年，杨承宗赴北平参加中法庚款化学考试，成绩优异，由评委会主任严济慈推荐赴法国巴黎大学居里实验室学习。在钱临照等好友的帮助下，杨承宗办妥了护照与外汇兑换，于1947年登上了"香波里翁"号轮船，离开上海。

到法国巴黎后，杨承宗受到了同样来自北平研究院、已在居里实验室学习工作多年且颇有建树的钱三强的欢迎。当时居里夫人已去世，居里实验室由她的女儿伊蕾娜·居里和女婿约里奥·居里（Frédéric Joliot-Curie）负责。此前，钱三强已在小居里夫人面前介绍杨承宗是守护中国镭学研究所的"卫士"，所以她对杨承宗非常器重。

初到居里实验室，杨承宗一边学习法文，一边跟伊蕾娜·居里进修自然放射性元素化学，并在公共实验室从事一些研究工作。两年后，伊蕾娜·居里给了杨承宗一个大实验室。在未得到指定课题、学了一些人工放射性核化学理论知识之后，杨承宗得到了新中国成立、中国科学院及近代物理研究所成立的消息。1950年上半年，他写信给已回国的钱三强，表示要响应周恩来

杨承宗在居里实验室大门前

总理的号召,回国工作。由于当时条件还不成熟,钱三强在回信中表示欢迎,但让他从长计议,先在法国做好准备。

在打消了立即回国的念头之后,杨承宗正式在巴黎大学理学院注册成为博士生,开始在以前工作的基础上,利用离子交换法分离化学元素周期表中ⅢB~ⅦB各副族元素。通过几年的工作,他于1951年完成题为《用离子交换法取得分离放射性同位素》的博士论文,并于6月15日通过答辩。在庆贺酒会上,小居里夫人发表了热情的祝词:"为了中国的放射化学!"

通过博士论文答辩之后,杨承宗开始为回国做准备。要在中国开发原子能,首先需要找到铀矿;而判断矿藏中是否含铀,就需要标准的镭源作对比。以前郑大章先生曾向居里实验室购买过2毫克含镭的碳酸钡标准源,但在日寇入侵后不知所踪。杨承宗就通过一位俄裔同事,提出了从居里实验室要一些放射性标准源带回国的要求,并得到了允许。于是杨承宗免费得到了当年由居里夫人亲手制作的10克镭标准源。当小居里夫人问他为何要这么多

小居里夫人举杯祝贺杨承宗博士论文答辩通过

时,杨承宗称,中国面积大,这些镭源给各省都分一些,也就不多了。小居里夫人笑着同意了。

得到镭源之后,杨承宗去看望约里奥·居里先生。约里奥·居里跟他说了一番重要的话:"你回去转告毛泽东,你们要保卫和平,要反对原子弹,就要自己有原子弹。"①他还对杨承宗说:"原子弹也不是那么可怕的,原子弹的原理也不是美国人发明的。你们有自己的科学家,钱呀、你呀、钱的夫人呀、汪呀。"②

1951年秋,杨承宗携带着此前受钱三强之托购买的3000美元的科研器材踏上了归国之路。尽管此前不久,法国国家研究中心已批复了他1951年10月1日至1953年9月30日共计555350法郎的研究津贴(补贴另计)。回国后,杨承宗到中国科学院近代物理研究所工作。他将约里奥·居里先生的话

---

① 因为当时朝鲜战争正打得紧张,这番话显然是针对当时美国总统杜鲁门的核威胁而言。拉丁文中有一句谚语:"假如你要和平,你就要准备战争。"约里奥·居里的这句话与此谚语相似。参见:边东子.从居里实验室走来:杨承宗口述自传[M].长沙:湖南教育出版社,2012.

② 这里提到的"钱呀""钱的夫人呀"是指钱三强、何泽慧夫妇,他们后来成为中国核工业的先驱;"汪呀"是指同样曾留学法国巴黎大学的物理学家汪德昭,他是中国国防水声学的奠基人。

告诉了钱三强，要他转告毛泽东主席。钱三强让杨承宗保密，别跟任何人说，然后通过中国科学院党组负责人丁瓒向上转告了约里奥·居里先生的话。直到1985年，原子能研究所（前身为中国科学院近代物理研究所）原党委书记李毅为撰写所史找到早已随中国科大南迁到合肥的杨承宗，杨承宗才将这段往事说出来。这时距离中国第一颗原子弹爆炸成功已经20多年了。

◆ 丁兆君 ◆

杨承宗：与中国科大结缘

1951年，杨承宗获得法国巴黎大学博士学位后回国，到中国科学院近代物理研究所工作。次年，近代物理研究所调整机构，设立了实验核物理组、放射化学组、宇宙线组、理论组等4个大组，分别由赵忠尧、杨承宗、王淦昌、彭桓武任组长。1953年，该所更名为物理研究所，又增设了由陈芳允任组长的电子学组。1956年，物理研究所的研究机构从5个大组发展为8个研究室和2个工程技术单位，其中放射化学（5室）、同位素应用（8室）皆由杨承宗负责。同期，清华大学、北京大学分别聘请杨承宗到校讲授铀化学和放射化学专业课。近代物理研究所是中国原子核物理与放射化学的摇篮，清华大学、北京大学是当时国内顶级高校，这几处与放射化学相关的科研、教学皆由杨承宗领衔，可见杨承宗在中国放射化学领域的重要性。在杨承宗90

杨承宗在中国科大为学生授课

岁寿辰之际，原中国科学院党组书记张劲夫为他题词，称其为"新中国放射化学奠基人"，可谓实至名归。

1958年，物理所更名为原子能所。同年，中国科学技术大学成立，13个系中的原子核物理和原子核工程系（1系）、放射化学和辐射化学系（8系）主要由原子能所负责筹建，分别由赵忠尧和杨承宗担任系主任。彭桓武、陈芳允亦于中国科大兼职任教。

作为系主任，杨承宗首先主持了教学大纲和教学计划的制定工作。他仔细研究了北京大学、复旦大学、南京大学、兰州大学，乃至莫斯科大学等校化学方面的教学计划，将中国科大的相应课程按难易程度分为甲、乙、丙3个层次，其中甲型为放射化学与辐射化学系3个专业（放射化学、同位素化学、辐射化学）必修。确定了教学大纲与教学计划，杨承宗从各个研究所挑选研究人员到校任教，如冯锡璋、肖伦、刘允斌、张曼维、林念芸、李哈侯、徐理阮、吕维纯等，学生们表示热烈欢迎。1961年3月，杨承宗的工作关系正式调入中国科大。

在调入中国科大仅一周之后，第二机械工业部（以下简称二机部）部长刘杰、副部长钱三强突然找到杨承宗，请他到铀矿选冶研究所主持工作。杨承宗的右眼因1953年在协和医院修复提氡装置时近距离接触强放射源患有眼疾，此时杨承宗右眼旧疾发作，但他顾不上就医，就接受了新任务。他的右眼因错失最佳治疗时间，导致后来彻底失明。二机部铀矿选冶研究所是专门从铀矿石中选集、提取、冶炼、纯化铀原料的研究机构，对于中国的核工业发展至关重要。杨承宗深感责任重大，后经钱三强向上级请示，明确他的工作以铀矿选冶研究所为主。此后，杨承宗除每周三、周六下午到中国科大上课、处理系里各种事务、参加政治学习外，将大量的精力都投入在铀矿选冶研究所的工作中。再后来实在忙不过来，杨承宗只好请吕维纯接下他在中国科大的课程。鉴于这种情况，1964年，中国科大党委曾特别请示中国科学院党组，要求减少严济慈、钱临照、华罗庚、杨承宗等4位教授的校外兼职工作，并特别提到杨承宗因兼铀矿选冶研究所副所长一职，任务过重，影响其在校的教课任务，从而要求解除他的这个兼职或减少他在该所的任务。

二机部的工作占用了的杨承宗的绝大部分时间与精力，影响了他在学校的教学工作。为表示补偿，二机部多次以"科技项目合作经费"的名义给中国科大拨款。据杨承宗回忆，1961~1962年，中国科大曾利用二机部的拨款建了一个三层楼的卫生所；后来拨款金额加大，在武汝扬副校长的提议下，将该资金投入图书馆建设；第三笔更大额的拨款被指定用来建放射化学实验室，但后来因"文革"而落空。

"文革"中，杨承宗随中国科大南迁至安徽合肥。之后，他被分派到马鞍山接受劳动教育，主要工作就是使用锤子将大块矿石敲成小块。多年后，他还记得在马鞍山劳动时有趣的一幕。有一天晚上，他从宿舍出来时，看到同样在马鞍山劳动的校党委书记刘达在外纳凉。刘达招呼他说："来，来，你这个科大的'资产阶级'学术权威，过来和科大最大的'走资派'坐在同一条板凳上！"然后将他所坐的长凳让出一部分给杨承宗坐，惹得在场所有人哈哈大笑。回到合肥后，杨承宗还曾与刘达一起到安徽大学西门外的一个同位素仓库参加轮流值班，一住就是数日。后来刘达调任清华大学校长兼党委书记后，他们还一直通过书信往来。

1972年，中国科大开始招收工农兵大学生，杨承宗重新走向讲台，并根据学生的文化基础，组织教员制定与之相适应的教学大纲，编写教材，准备实验课程。"文革"结束后，杨承宗参加了全国自然科学学科规划会议，其间提出了在中国科大建设同步辐射加速器的建议与设想。他的倡议得到了全校多个方面的认可，并终得实现。1978年，中国科学院决定成立以中国科大为主的同步辐射加速器筹备组，这是中国同步辐射事业的开端。1983年，国家发展计划委员会批复同意在中国科大筹备国家同步辐射实验室。这也是中国第一个国家实验室。

1978年，杨承宗被任命为中国科大副校长，分管科研工作、实验室建设以及外语教学工作。其间，他为学校的建设与发展殚精竭虑，做出了重要贡献。比如在外语教学方面，杨承宗提出以英语为主，再向其他语言扩展。他主张不但要向科技发达国家学习，还要向现代科技发源地国家学习。后来，学校的外语教研室改为外语系，英语教学工作不断取得好成绩。在全国大学生英语四、六级考试中，中国科大一直名列前茅。

杨承宗在中国科大新建的化工厂指导工作(1977年)

杨承宗在辅导学生(1979年)

2008年,中国科大50周年校庆之际,杨承宗为学校题词:"祝愿中国科学技术大学持续创新,培养第一生产力工作者永无止境。"

祝愿中国科学技术大学
持续创新
培养第一生产力工作者
永无止境
杨承宗
二〇〇八年九月

杨承宗给学校的题词

◆ 丁兆君 ◆

郁文：三年打好基础、五年成型

1959年4月，中国科大召开第一次党员代表大会，党委书记郁文在大会上作报告，提出了学校党委的工作任务：加强党的领导，紧密团结全校党员和师生员工，贯彻党的教育方针，提高教育质量，争取"三年打好基础，五年成型"，为把学校建成一所共产主义大学而努力奋斗。

郁文在中国科大第一次党员代表大会上作报告

郁文，河北满城人，1937年加入中国共产党，新中国成立后任中国科学院办公厅副主任、副秘书长，中宣部常务副部长，中国社会科学院党组书记等职，1958年9月兼任中国科大首任党委书记。郁文为中国科大的创建和实现"三年打好基础、五年成型"的初期建设目标付出了大量心血。

1958年6月，中共中央批准成立中国科学技术大学。中国科学院随即成立中国科大建校筹备委员会，中国科学院院长郭沫若兼任筹委会主任，时任中国科学院副秘书长的郁文任筹委会委员，负责具体筹备工作。以郁文为首的学校筹备组，根据中国科学院"全院办校、所系结合"的办学方针，全面协调中国科学院下属各研究所对口建设中国科大相关科系，在当时新兴、边缘、交叉科技领域设立了原子核物理和原子核工程、无线电电子学、放射化学和辐射化学、应用数学和计算技术等13个系。在3个半月的筹办时间内，解决了校舍、师资、教学设备等问题，建立了学校组织和工作制度，确立了系科设置，草拟了教学计划，完成了招生任务，开办了5个实验工厂，初步建立了学校的工作秩序。

到中国科大任职之前，郁文没有从事高等教育工作的经验，所以上任之初，他认为自己是外行，在实践中注意学习和吸收别人的工作经验，逐步掌握并提高自己对高等教育经验和规律的认识。

郁文非常重视党建工作，积极推动政工队伍建设和思想政治教育工作。学校实行党委领导下的校务委员会负责制，校务委员会由学校领导、管理干部、教师和学生代表组成，负责形成学校重大行政决策和安排具体措施，在学校治理上较好地实现了民主集中制。郁文非常重视师生的思想政治教育，协调相关部门选调了一大批有文化基础的老红军、老八路担任学校各级党组织负责人，如飞夺泸定桥的23名勇士之一李友林同志担任原子核物理和原子核工程系党总支书记，选调和培养高水平的政治课教师，提倡生活工农化，纪律军事化，结合勤工俭学、劳动生产、教学科研等方面内容，对学生进行

郭沫若、郁文与学生一起在食堂就餐

全面的思想政治教育；他还善于发挥领导集体的智慧，放手让副校长晋曾毅、严济慈全面负责学校的日常教学工作；他要求领导班子成员之间要注意团结，有问题公开谈，不要暗斗，严于律己，宽以待人，对工作要主动地负起责任，雷厉风行地解决问题；他要求领导干部要有深入下去的工作作风，要经常深入到系、班、小组中去了解情况；他要求党、团工作干部和学生同吃同住，保持抗大的优良作风，他自己也经常和教职工、学生座谈。

郁文非常关心学校的教学工作。他在第一次党代会上提出："学校的主要工作是教学，学校的生产劳动和科学研究应该围绕教学工作进行，要服从提高教学质量的要求。"他要求教师紧密结合实际，因材施教；组织教师自编教材，充实教学内容；邀请教师编写教学大纲，交给学生讨论后再修改使用；要求青年辅导教师和同学们一起生活，对学生要进行深入的辅导；助教要努力学习，尽快走上讲台；注意调节师生关系，形成一种教学相长的良好氛围。他坚持教学与科研和实践相结合，在校内建设实验工厂，提供条件让教师从事科学研究工作。1961年8月，郁文在学校党委会上重点提出"一切为了教学工作"的目标，要求全校整顿自建校以来的教学工作，从充实教学内容、培养教师队伍、增添图书设备、编写教材、制订教学计划、培养学生学风等方面进一步推动教学改革，提高教学质量。

郁文长期关注同学们的思想、学习与生活。他对学生的学业水平、思想状况进行深入了解和研究，并针对学生中出现的种种不良思想认识，组织人员进行专门的帮助和教育，激发同学们的学习热情；针对学习中的畏难情绪，他告诫学生们不要害怕尖端，要有攀登科学高峰的勇气，任何尖端都是建筑在坚实的基础之上的，如电在没有掌握之前也是可怕的，掌握了它就没什么可怕的，原子弹、放射性元素都不可怕，掌握它就能为人类服务；郁文经常鼓励学生要多掌握几门外语，了解西方国家水平较高的科学研究方向，学习新的科学知识，吸收新的科学研究成果。1960年，学校开展了"反不良倾向"运动，主要是解决部分学生平时生活中的浪费等小问题，结果运动过头，很多学生背上了思想包袱。发现这一问题后，郁文立即召开党委会，批评了具体工作人员，纠正了这一运动，给受到不公正待遇的同学卸下了思想包袱。

1963年4月，郁文卸任中国科大党委书记职务。此时，学校已经建立了以教学为主，结合科学技术教育、政治思想教育和劳动锻炼的基本教学体系；形成了一支总数达到1000人、能够担负起教学工作的专兼职教师队伍；系科专业设置基本成型，设置12个系30个专业；完成34000平方米的校园基本建设，基本满足教学需要；科研工作也逐步展开，107计算机、脉动式喷气发动机、人工降雨火箭、笨乙烯工厂相继研制成功或投产。郁文在第一次党代会上提出的"三年打好基础，五年成型"的目标基本实现。

郁文离开中国科大后始终关心学校的发展。1975年，郁文再次担任中国科学院副秘书长，他一直关注着中国科大搬迁到合肥之后的情况，多次与学校领导举行座谈会，鼓励学校领导办学不要保守，要敢于向前走，迈步闯出一条路，把学校办成培养科技创新人才和科技干部的基地。郁文希望中国科大研究生院邀请国内科学家担任指导教师和授课，引进国外著名大学课程和教材，聘请不同学派的国际著名学者讲学，开展研究生学术活动，发挥研究生自主、自觉的学习能力和探索能力，培养能够独立从事科研工作的创新型人才。1988年9月20日，郁文担任中国科大校友总会会长。

郁文给中国科大校友的题词

◆ 方黑虎 ◆

刘达：尊重、关心知识分子的教育家

1974年3月17日，中国科大化学系青年教师钱逸泰致信学校党委书记刘达，介绍自己的工作情况，表示因为"专业不对口"，长期在不同教研室之间流动，专业特长没有得到很好发挥，希望学校党委能够将他调到物理系晶体专门组工作，以更好地发挥自己的专业特长。

此时还处于"文革"期间，中国科大的教学、科研工作刚从全面停顿之中有所恢复，校党委书记刘达非常关注校内知识分子的诉求并尽可能为他们创造更好的工作条件。他早已注意到青年教师钱逸泰面临的困境，并和钱临照、杨承宗两位副校长交换过意见，认为可以为钱逸泰调动工作。3月18日，刘达给学校人事小组批示："此事曾与钱、杨交换过意见，他们同意，调二系，请与三系（化学系）商量后解决。"由于刘达的推动，6月2日，学校党委常委会讨论了此事，最终同意钱逸泰调到物理系工作，从事他最擅长的专业。从以上工作环节来看，当时环境下的专业教师调动工作并非轻而易举就可以完成。1997年，钱逸泰因其出色的科研成就当选中国科学院院士，这不仅缘于他本人对于科学研究的执着追求，也得益于刘达当年的慧眼识珠。

刘达给钱逸泰调动工作报告的批示

刘达（1911—1994），黑龙江肇源人，原名刘成栋，1935年在辅仁大学学习期间加入中国共产党，长期从事革命工作。曾任哈尔滨市第一任市委书记、林业部副部长、清华大学校长等职。1963年5月至1975年11月，任中国科大党委书记。

刘达尊重、关心知识分子的情怀由来已久。解放初期，他在担任东北农学院院长时也很关心知识分子。有一次，一位老知识分子在座谈会上说："办好学校靠三件事：教授、房子、仪器设备。"有人说这是"资产阶级观点，办好学校要靠党和群众"。刘达客观地表达了自己的观点："他说的也有道理，党的领导也是为了更快地办好这三件事，不然就成了空话。"这就"保护"了那位老教师。刘达在解放初期的政治运动中，敢于言人之不敢言，行己之所能行，"保护"了不少学有所长的教师和干部。

20世纪60年代初，北京市曾要求中国科大将校内在以往各种政治运动中受过处分的教师调出学校。如果这批教师调离学校，中国科大在师资队伍上将遭受重大损失，也必将影响到学校的正常发展。时任副校长严济慈得知后，拿着这批教师发表的优秀论文向党委书记刘达提出异议，要求留下这批教师。值此批教师去留之际，也是学校发展关键之时，刘达表现出一位真正的革命者和教育家的担当，决定中止调动这批教师，为中国科大的正常发展留住了最宝贵的人才资源。

刘达任中国科大党委书记时，校长一职由中国科学院院长郭沫若兼任，学校的全面领导工作由刘达负责。刘达上任伊始，就深入科学家、普通教师和广大学生之中进行调查研究。刘达喜欢同师生员工交流是人所共知的事，以致有人亲切地称呼刘达为"溜达"书记。

1963年6月份，刘达先后到中国科学院物理研究所、原子能研究所、力学研究所，与钱学森、郭永怀、钱三强、赵忠尧、彭桓武、施汝为、张志三等著名科学家和其他兼职教员进行座谈，听取他们对学校今后工作的意见，收集了许多有价值的建议，并在回校以后整理编写成纪要，印发给全校师生以资参考。8月，根据自己的调研结果，刘达在学校党委会议上提出：坚持"全院办校，所系结合"的方针，继续争取研究所在师资上的支持，坚持让四、五年级学生到研究所去做毕业设计；在尽可能短的时间培养一支自己的

刘达和劳动间隙的
中国科大同学交谈

优秀师资队伍,对工作成绩不突出、专业不对口的教员安排学习或调出;要减轻学生负担,控制总学时,在学习内容少而精的原则下适当压缩专业课学时,增加基础课、实验课的学时,精简教材内容,提高学生外语,尤其是英语的水平;抓紧实验室的规划和建设,组织教师积极开展科学研究和学术活动,严格对学生在实验技能和科学探索上的要求,培养学生的学术兴趣;对学生考核实施淘汰制,将淘汰下来的学生转去师范学院学习。

  1964年,刘达着手推行一系列教学改革。首先调整了系和专业的设置,力争"少而全",学校的系由建校时的13个调整为6个;其次修订教学计划,加强基础课教学,为学生打好自然科学理论基础、实验技术基础、外文基础,旨在培养学生动手能力和创新能力;同时,压缩学时,减轻学生负担。到1966年,普通物理(包括实验)由672学时压缩到423学时,高等数学由352学时压缩到224学时,外语由384学时压缩到224学时。再次,重视英语教学。"文革"前,中国科大是全国最重视外语教学的非外语类院校,要求学生至少掌握两门外语。刘达在教改中尤其强调要学好英语。1965级新生入学后,无论原来学过何种外语,必须首先学英语,英语过关后才能学其他外语。又次,鼓励在全校使用英美教材。1965年就有一部分课程直接使用美国教材,例如化学物理专业的普通物理课,就采用了李重卿翻译的美国哈里斯·瑞斯尼克的《物理学》。这些措施在当时的背景下推出,极为难得,确实具有先见之明，也起到了开风气之先的作用。这场教改极大地调动了教师和学生的积极性，只是后来因为"文革"的干扰而未能持续，但它为中国科大20世纪八九十年代的一系列教学改革埋下了伏笔，直到今天其影响犹在。

刘达早年投身革命，是"老资格"的高级领导干部，但是他没有倚仗资历搞"一言堂"，而是在工作中提倡民主，充分发挥民主集中制的优势，利用集体智慧办大学。他曾表示当时大学里要实行民主也不容易，从上到下有许多糊涂观念，有同志说党委会上党委书记一票算三票，副书记一票算两票。他说党内哪有这种规矩？每人只能算一票。

在学校管理过程中，刘达非常重视基层师生的意见，采纳他们提出的合理建议。1963年5月，地球物理系主任、著名科学家赵九章写信给学校领导，提出可以先办研究生班，后建研究生院的建议。1963年6月，刘达阅读了这封信后深表赞同，批示："赵九章同志的意见很好，值得我们重视。如果我校将来真正能像力学所科学家们希望的那样发展，研究生院的考虑就更为必要。建议科学院的领导在适当时机召集有关同志交换一下意见。"稍后，张劲夫院长批示并请中国科大提出创办研究生院的意见。随后，在刘达的主持下，学校决定在中关村开设研究生院，研究生的专业课由各所科学家担

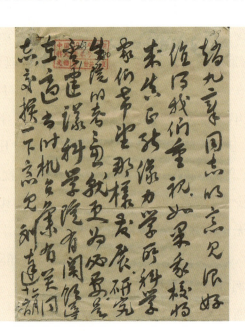

刘达对赵九章来信的批示

任，学校本部负责研究生院的行政管理、研究生思想政治教育和基础课教育，开始了研究生院筹备工作。此后，由于"文革"等因素影响，研究生院未能正式成立，但这些早期探索和努力为1978年中国科大设立我国第一所研究生院奠定了基础。

1966年1月，近代化学系1961级学生孙智初、刘新民等通过半年的实习，针对教学中理论脱离实际，贯彻"少而精"的原则不到位，学生独立解决实际问题的能力较差等种种问题，向刘达写信反映。刘达责成教务处以简报形式发送全校，引起了校领导和教务部门的重视。有一次，物理系半导体研究室急需一台集成电路制版初缩机，多方求购未得，刘达知道后，马上写信给上海市委，要求支援卖给半导体研究室一台初缩机，此事很快得到了解决。后来，半导体研究室利用这台初缩机相继研制成功20多种具有国内先进水平的模拟集成电路。

刘达十分关心知识分子的工作和生活。1963年12月，学校对24名教授、副教授在校外的兼职情况做了一次调查，发现华罗庚、严济慈、钱临照、杨承宗等科学家在校外兼职太多，任务太重。刘达代表学校党委向中国科学院党组起草了报告，请求根据科学家的实际工作情况，分别适当地减少他们在校外的兼职或不再增加新的兼职，保证他们有足够的精力投身教学和科研活动。刘达认为有些知识分子确实有点毛病，但是人无完人，只要是真正有学问的人，就要爱惜，就要用其所长。1976年，刘达已经调到北京工作，他还专门写信向学校推荐了中国科大优秀毕业生卢炬甫来校任教，卢炬甫后来成为著名的天体物理学家。

1975年2月，刘达主持制定《中国科技大学十年规划草案》，从学校规模和编制、完善教学系统、健全科研机构、确定重点研究方向、创办工厂、基本建设规划、经费等方面提出完整的远期发展规划，强调学校要成立七八个专门研究机构，争取在数学、电子计算机、仪器、材料和元件、核物理、基础科学等方面取得重大成就。9月，计划还未来得及展开，刘达就被调任国家标准计量总局局长。

"文革"结束后,刘达(一排左一)、钱志道(一排左二)、李佩(一排左三)在北京合影

刘达离开中国科大后,还一直关心着中国科大的发展。他任清华大学校长时建议中国科大:要坚持党的领导,做好学生的思想政治工作;规模要适当,要精不要多;要有高水平的学者和大师;要有一个有远见、有干劲、团结一致的领导班子。他多次回中国科大参加重大活动,建言学校要办好附属中学、小学和幼儿园,为广大教职工解决后顾之忧,吸引和稳定人才,殷殷之情溢于言行之中。

刘达长期从事高等教育管理工作,工作中有许多教育方面的创思和创举,也取得了丰硕的高等教育办学成果,称之为当代的教育家亦不为过。有人著文称他为教育家的时候,他却说:"当教育家要有自己的教育思想。我有,但不系统,不完善。我自己不教书,我非常尊重专家和教授。到科大上任之初,我花了3个月的时间拜访在科大任教的教授和科学家,形成了我对办好科大的一些想法。可惜当时政治运动太多,没有时间去实现这些想法。粉碎'四人帮'以后,我到清华大学,主要是坚定不移地'拨乱反正',为

刘达(右一)、郁文(右二)回校参加30周年校庆

一大批蒙受不白之冤的干部和知识分子平反，有些办学的想法还没有条理化、系统化。所以，应该说我懂得学校的工作，解放后对党的教育事业有一点贡献，还不能算是教育家。"

◆ 方黑虎 ◆

刘达：举办回炉班

1972年9月，刘达"再度出山"，复职中国科学技术大学党委书记，开始了他在中国科大的一次办学壮举。

刘达当时所要做的第一件事是缓和学校在"文革"早期形成的派性斗争，因为如果让"两派"继续对垒，办学就难以取得进展。刘达展现出宽阔的胸怀，尽力团结曾经要打倒他的人。他多次召开党委会议，对在"文革"以来受到审查的60多名同志陆续做出结论，恢复工作。他首先恢复了几名起先反他、后来自己也"挨整"的干部和教员的职务，同时为"反刘派"的教职工安排工作。他为了团结群众，不住为他特别准备的住房，而是住到"反刘派"人员集中的单身教师宿舍，每天在食堂用餐，和群众朝夕相处。他也不用给他准备的大办公室，而是选择和普通干部一样的办公室。这些真诚待人的亲民举动起到了以心换心的效果，为做好后续工作准备了条件。

1972年，中国科大讲师以上的教师不足百人，副教授不足20人，校舍不足6万平方米，濒于解体。刘达没有被困难吓倒，不顾"极左"思潮的干扰，带领全校教职工艰苦创业，举办"回炉班"，重组教师队伍。首先，决定将校内各工厂的1964级、1965级毕业生全部抽调出来，组成"回炉班"，集中培训一年，重点补习数学、物理、化学等基础理论知识，再补充到学校各系基础课教研室；其次，从教工家属和其他适合做教师的人中选择50人左右，且从1963、1964、1965级毕业生中调入100人左右，进行培养提高，充实师资队伍；然后针对不同级别的学生采取不同的培养方式，原1963级毕业生在学校时已学完大学基础课程，又有几年实践经验，选调回来可以直接分配到各系基础教研室，边学习，边进修，边参加教学辅导工作，但必须以学习进修为主。选调回来的1964、1965级毕业生一律集中培训，时间为一年半，培训后全部充实到各系基础教研室。同时，从外校调进一批学有专长的教员，进入"回炉班"学习培训，然后充实到学校教师队伍。

1972年，学校招收第一批工农兵学员539名，首批学员中，相当于高中程度的占55.5%，初中以下程度的占44.5%。学校按学员文化程度调整教学计划，实行分班教学，并对学员进行了7个月的补课。通过补课学习，大约2/3的学员初步掌握了学习大学基础课所必须具备的文化基础，毕业时素质很好。学校又从中选留了少数优秀学员充实师资。在刘达的主持下，这一系列充实师资和调整教学计划的措施改善了中国科大原来的教师队伍结构，使学校教学工作走上正轨，也为学校后来的发展积蓄了一大批人才。

刘达（左一）和谭震林、华罗庚在毕业典礼现场（1964年8月）

刘达长期重视中国科大的教师队伍建设，1963年初，他任中国科大党委书记时就发现，中国科大尚未建立起一支经验丰富、结构合理的教师队伍。他主持制定了中国科大《1963—1972年教师培养十年规划》，确立了学校教师队伍发展的方向和目标；从兄弟院校和科研单位调进一批"高材生"和经验丰富的科技工作者，建立中国科大的专职教师队伍；再者他从工作实际出发，在中国科大前三届毕业生中选留优秀生350名，逐渐建立了稳定的第一代教师队伍。经过一段时间的锻炼，这些留校和分配、调入学校的青年教师很快成为中国科大的最重要的业务骨干和中坚力量,成为中国科大在"文革"后迅速恢复和崛起的基石。

刘达还注重干部队伍建设。学校迁往合肥后,由军工宣队管理教学,其结果可想而知。刘达复职后决心建立一支既懂业务又懂管理的领导队伍,选拔了龚昇、尹鸿均、辛厚文、张曼维等人担任系一级领导职务,这些"双肩挑"的管理干部很快协调好了学校各方面的关系,使学校工作逐步走上正轨。

◆ 方黑虎 ◆

张文裕:从高能基地到中国科大讲坛

张文裕(1910—1992),福建惠安人。1931年毕业于燕京大学,1938年获英国剑桥大学哲学博士学位,回国任教于四川大学、西南联合大学。1943年赴美访问研究,1956年回国后任职中国科学院原子能研究所,1957年当选为中国科学院学部委员。1958年,张文裕任中国科大兼任教授,并于1978～1984年任近代物理系主任。

1956年自美回国后,张文裕先后在中国科学院原子能研究所任研究员、宇宙线研究室主任、副所长等职。1957年,当李政道和杨振宁获得诺贝尔物理学奖的消息传到国内后,周总理当即决定派中国科学家代表团,即张文裕和他的夫人王承书前往瑞典祝贺。

张文裕积极推进在云南落雪山宇宙线实验站建造当时世界上最大的云室组,他利用自己从国外带回来的一些实验仪器作为基础,最终建成了包括磁云室在内的三大云室,还为国家培养了一代宇宙线研究的专门人才。就是利用这套装置,在他的指导下,云南站的科技工作者在1972年发现了一个质量约为质子质量10倍的重粒子现象。经张文裕亲自向周恩来总理请示,该研究成果在我国《物理》杂志上发表,论文还被印成单行本在国外分发、交流。这项工作在国内外引起了很大的反响。

1961～1964年,张文裕被派往苏联杜布纳联合原子核研究所,接替王淦昌任中国组组长,并领导一个联合研究组,其成员大多为苏联人。他们使用王淦昌等人研制的24升丙烷气泡室,在当时能量最高的10 GeV质子同步稳相加速器上开展了粒子共振态的研究。张文裕把当时已知的重子共振态归纳成核子和超子的激发态,提出了一个重子能级和跃迁图,并根据这个想法对 Λ^0 超子和核子散射过程进行了研究,得出散射的总截面和角分布,填补了当时物理学界在这方面研究的空白。

张文裕(前排右六)与云南站工作人员合影

张文裕(前排左七)在杜布纳联合核子研究所与工作人员合影(20世纪60年代)

为了建设我国自己的高能物理实验基地，1972年，以张文裕为首的18位科学家联名给周恩来总理写信，要求建造一台高能加速器。不到两个星期，就得到了周总理的批示："这件事不能再延迟了……高能物理研究和高能加速器的预制研究，应该成为科学院要抓的主要项目之一……"次年，中国科学院成立了高能物理研究所，张文裕被任命为所长。自高能物理研究所建立之日起，张文裕为了实验基地的建设，不遗余力地操劳奔波。他与欧美一些高能物理实验室以及世界著名的高能物理学家联系，派出一批国内中青年学者去学习、研究，为建造高能加速器奠定了基础，并最终促成了北京正负电子对撞机（BEPC）、北京谱仪（BES）和同步辐射装置（BSRF）在1989年建成。

在北京正负电子对撞机奠基典礼上邓小平与张文裕亲切交谈（1984年10月）

1958年，中国科学技术大学成立。建校伊始，张文裕就与吴有训、严济慈、钱临照、马大猷等同任物理组教员。除教授普通物理公共课之外，张文裕还给原子核物理与原子核工程系（现近代物理系，1系）开设"宇宙线与高能物理"专业课。1978~1984年，张文裕接替赵忠尧兼任中国科大近代物理系主任，其间为近代物理系的发展做出了很多贡献。

张文裕与中国科大师生座谈

据中国科大近代物理系的学生回忆，张文裕一直特别强调学物理要打好基础，他的"普通物理"课讲得非常好。当时选用的教材是苏联福里斯所著的《普通物理学》，内容比较全面，但稍嫌啰嗦。相比而言，英、美的教材倒是比较简练。张文裕授课的特点是继承苏联教材的全面性，但用英、美教材那种比较简洁的方式讲述，深入浅出，很容易让人记住。他讲课非常认真，而且注重概念分析，经常用一些小模型做一些演示实验，以帮助学生理解授课内容。

张文裕讲授的高能物理专业课更是引人入胜。由于他本身就是行家里手，所以能把高能物理的精髓在一学期的时间内讲完。对此，中国科大近代物理系的首届毕业生、高能物理研究所第四任所长郑志鹏研究员记忆犹新。他说他所掌握的很多高能物理的基本现象与基本概念，譬如有别于低能物理的"簇射"现象，就是从张文裕教授那儿初学得来的。张文裕在授课时还常常穿插一些科学发现的小故事，很多当事人就是他的老师或同学，因此说起来亲切生动，让人有身临其境之感。

张文裕一贯强调加强实验课教学，包括测量理论与误差分析等都严格要求。他认为,实验是理论的源泉,是科学的基础,作为实验物理学家,必须手脑并用。他将理论与实验的关系比喻为一车并行的两轮,缺一不可:理论有时可指导实验,但是否正确,必须靠实验来验证;实验过程发现新的现象,将会促进新的理论产生。张文裕十分强调对学生动手能力的培养。他说有些人只知看书,做实验不动手,搞理论也无创新,结果一事无成。

张文裕主张要认真研究教学内容,区分基础性知识和消息性知识,把握好两者之间的比例,各授之以恰当的份量,为此他还曾提出基础性知识与消息性知识的时间比为3:1。他还认为,研究人员参与教学不无裨益,教学相长,不但能使授课者增加知识的系统性,还可以使其思想年轻,延年益寿。但教学时间不宜太长,若以教学为主,便失去了意义。张文裕对学生要求严格,注意培养其刻苦钻研精神。

张文裕(右一)与何泽慧参观中国科大同步辐射电子加速器(1983年)

1992年11月5日，张文裕在北京病逝。11月底，中国青少年发展基金会收到当时国内最大的一笔个人"希望工程"捐款——10万元，捐献者是张文裕。

◆ 丁兆君 ◆

傅承义：耕耘教育，风节长存

傅承义教授是中国固体地球物理科学的主要奠基人和开拓者之一，是国际地震波传播理论研究的先驱者，为中国地球物理事业做出了重要贡献。新中国成立后，地球物理人才奇缺。傅承义把自己的主要精力投入到地球物理教育事业，先后在北京地质学院、北京大学、中国科学技术大学从事人才培养工作。

傅承义

中国科大建校伊始，傅承义就在地球物理系兼职授课，1964年创建地壳物理教研室，1965年开始招收研究生，并任学校研究生招生委员会委员。1978年3月，年近七旬的傅承义担任中国科大地学系系主任。虽然他不能长期待在合肥，但一直关注着系里的教学和科研工作，经常给予方向性的建议和指导；他还亲自给本科生上课、开讲座。傅承义在传授知识的同时，时常告诫学生做学问要博览群书，拓宽知识面；要善于归纳，通过归纳发现问题，解决问题；同时对于书本上的东西不可不信，但又不可全信，信与不信都要经过自己的独立思考；看书要多"挑剔"，"挑剔"本身就是创造。中国科大1978级学生毕业时，他写信勉励大家要在新的工作岗位上努力工作，为祖国的"四化"做出贡献。

在傅承义担任地学系主任期间，他不仅关注教学和科研，还促进了中国科大和中科院地球物理所的学术交流和业务联系，帮助解决了很多实际的问题。1978年4月,他回校参观了地学系实验室，对地球化学专业的实验室表示很满意，并与地学系的负责人和教师们展开了深入的交流。

傅承义(前排左二)与中国科大地学系教师座谈

在交流中，他提议加强所系结合，希望中国科学院地球物理所、中国科大地学系人员相互支持，加强业务、学术交流。教员可每年到所里出差，参加科研工作；所里也可派人来校进行短期讲学，甚至承担部分专业课的教学工作，可对学校大的科研方向发表意见；学校的部分科研任务要作为所里工作的一部分，以所的名义搞，经费问题就能较好解决；关于高年级学生到所学习、教师到所进修涉及的住房问题，他表示回所后商量决定，坚决按照中国科学院的指示精神予以落实。他希望不仅1977级的学生，1975级、1976级的学生毕业后也要分配一些到地球物理所工作，以解决该所人才紧缺的问题。

在座谈中，他提出了很多教学方面的中肯意见，如有关基础课和专业课的关系、各专业的课程设置、培养目标等。他认为，五年学制，三年打基础，两年学专业是合适的。地球物理专业的学科方向是研究地球内部的物理过程和地球内部结构，实际应用目标是研究地震成因和成矿规律，从而将学科方向和实际应用结合起来。在课程设置上，他强调指出，地球物理专业课要包括国际上最新的地球物理课程内容，地球物理的毕业生除服务于地震外，还要准备给国家测绘局培养人才，为整个地球物理服务；对于空间物理专业，他表示一定要设法将科大的空间物理专业办好，空间物理与空间技术是有区别的，空间物理是一门独立的边缘学科，绝不能被空间技术所代替。参加座谈会的同志反映，空间科学目前是国家重点项目，但主要指的是空间技术，因此空间物理专业的方向和培养目标不明确，希望能解决这个问题。傅承义说，目前地球物理所有一个室可以与空间物理专业相通，回去后要进一步反映和研究这个问题。

说到地球化学专业，他表示此专业的基础课面要放宽，要有广阔的适应性，不能光注意地质，学生必须先学好化学。地球化学从学科角度看可以和地球物理、空间物理、大气物理专业放在一起，但由于化学专业和物理专业性质不同，在教学和训练时，地球化学专业的学生要和其他三个专业分开做基础训练，大学的后一年半或者两年再搞专门化训练；他还提议把大气物理专业从吉林大学调回到中国科大，从固体到气体形成一个较为完整的体系。他想把地学系更名为"地球和空间科学系"，因为"地球"包括地球化学和地球物理，"空间科学"包括空间物理和大气物理，这样不仅符合实际，也与国际上的名称相一致。

他在座谈会上强调，要正确认识理论和实践的关系，加强对学生的实验技能的培养。具体做法是把实验课作为重要的课，让学生自己动手，拟定方案，安排实验，分析结果，讨论误差，鉴别方法的优劣，最后形成报告，不能什么都由老师安排好。当他看到学校的实验室里用于教学的基础实验设备不足时，一方面让所里调拨了一部分，另一方面鼓励学校补充一些这样的设备，争取能让学生熟练运用。

傅承义(左)在中国科大参加会议(1978年)

傅承义非常重视中、青年教员的培养，他在全面了解专业教员的情况后，通过各种途径帮助他们取得进步。20世纪80年代初，中国科大地球和空间科学系教师在申报高级职称时，他都认真拟写鉴定意见，签署评议书，给予申报教师针对性的建议和中肯的评价。在一位教师申报教授职称的材料中他写道："该同志自1958年毕业于北大地球物理系以来，一直坚守在教学与科研的岗位，工作勤恳，卓有成就。他教过基础物理课，做过大量的教学组织工作，写过数十万字的教材，指导过地球物理研究生，写了一本30万字的专著《固体中的波》，其中包括教学的体会及科研成果。在科研方面，曾发表过6篇文章，都具有一定的水平及见解，表现了一定的创见，这是地球物理学当代的一个前沿问题。按照1960年国务院有关提升教授、副教授的规定，我认为他已经符合提升为教授的条件。"

1981年，傅承义再次来校讲学。他婉拒学校安排他住在条件较好的校外宾馆的美意，要求住在校内招待所。他说："我是来讲学的，住在学校，方便与老师、同学们讨论问题和工作。"他既教书，又育人，第一节课就对同学们说，要把个人爱好和国家需要结合起来。他说："地球科学与国计民生直接有关，我们要把国家的现实需要与自己的志愿结合起来；一个科技工作者贡献的大小，并不在于他选了什么专业，而取决于有无科学的态度和决心；地球科学同样需要有坚实的数理基础，它有许多理论问题和实际问题需要我们去探索,大有用武之地。"傅教授还以自己从核物理专业改行搞地球物理的亲身经历,教育同学们热爱地球科学,献身祖国的科学事业。

傅承义对中国科大的发展寄予厚望。中国科大25周年校庆之际,他写信给学校,表示"本应亲去祝贺",但由于要参加国务院学位委员会的会议,不能参加,只能借此信表达良好的祝愿。在信中,他肯定了学校的办学成绩,希望学校能再接再厉,在现代化建设中起到更大的作用。

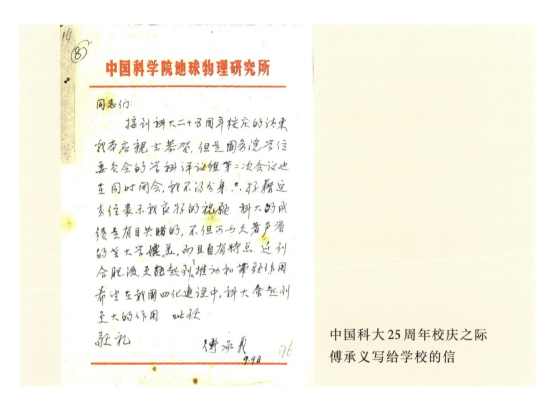

中国科大25周年校庆之际
傅承义写给学校的信

1984年4月,傅承义将自己珍藏多年的100多册外文文献资料赠送给中国科大地球和空间科学系。这些珍贵的资料都是他多年精心积累保存下来的,对地球物理的研究有着很重要的参考价值,很多单位都希望能得到它。当傅承义先生得知中国科大缺乏这方面的文献资料时,便欣然将这批资料捐赠给中国科大。

傅承义不仅是一位杰出的科学家和教育者,他的为人处事也是我们学习的楷模。他为人光明磊落,刚正无私,在是非问题上直言不讳,从不趋炎附势。中国科学院院士刘光鼎曾撰联评价他:"三篇文章开世界震波研究先河创新典范，一生耕耘育中华找矿精英大成风节长存。"

  傅承义是我国早期倡导开展地震预测研究工作的人之一，他深知这项工作的重要性、复杂性和艰巨性。1958年"大跃进"时，有些人忽视事物发展的客观规律，在地震预测工作中提出一些不切实际的口号，并形成一种声势，使得这一工作偏离了正确方向。傅承义以其科学家的责任感，反对这种做法。1975年，海城地震之后，有人过高估计海城地震"预测成功"的经验，认为在我国解决地震预测问题已近在眼前。针对这种倾向，傅承义一针见血地指出，海城地震的预测是"歪打正着"，提醒人们不能头脑发热。傅承义一生淡泊名利、坦荡无私。很多人在研究工作中得到他的指导、帮助和启发，但他从不愿意在他们发表的学术论文上署名，即使他们是他指导的研究生。他对阿谀奉承很反感，推崇讲真话、办实事。他的为人处事堪称我们学习的楷模。

◆ 万　绚 ◆

谈镐生：基础决定论

谈镐生（1916—2005），江苏武进县人，力学家、应用数学家。1939年毕业于上海交通大学；1949年获得美国康奈尔大学数学、力学和航空博士学位；1965年回国后，任中国科学院力学研究所研究员；1978年任中国科大近代力学系副主任。

谈镐生

1978年4月，为贯彻落实党中央批准的中国科学院《关于中国科技大学若干问题的报告》，加快把中国科大建成高水平的教学中心和科研中心，充分发挥"全院办校、所系结合"的办学优势，中国科学院组织下属各研究所20多位高级研究人员来校开展工作，力学研究所研究员谈镐生同行而来。4月26日，学校召开全校师生员工大会，宣布了各系新的领导班子，谈镐生被任命为中国科大近代力学系副主任。会后，谈镐生与近代力学系爆炸力学专业全体教师进行了座谈。

座谈会上，他仔细分析了力学的学科性质、应用范围和重要性。在谈到教师的教学和科研工作时，谈镐生说："国外批评我国在自然科学研究上有实用主义倾向，不重视基础理论的研究，只注意实用研究。基础理论上不去，结果影响了应用上的提高。要提高教学质量，进行高水平的教学，教研室当前的主要任务是尽力提高教师的理论水平，这样才能促进教师的业务能力提升。"他看到该专业的教师队伍比较年轻，督促教师要加强学习。他说："35岁以下的人，要有50%的时间去学习，组织上要给以适当安排，学得好的可以到国外学习。冯·卡门80岁时还带着助听器，背着书包去听他的不知是几代的学生讲燃烧课，所以系里的教师要不断学习，活到老，学到老。"

在谈到力学现代化问题时，他认为："搞力学的都要懂得理论物理，仅仅知道牛顿力学是远远不够的。爆炸力学要向物理力学靠一些，物理力学是发展中学科。"在谈到缺乏实验设备的问题时，谈镐生指出，没有设备也不要等待，要首先搞好基础理论研究。只有理论提高了，才能对基础研究需要的设备提出更确切的要求。要善于用简单的设备进行重要的基础理论研究，普朗特就是在很简单的设备中完成了边界层理论的实验，取得了20世纪流体力学最重要的进展。

他还提出了加强所系结合的具体建议，要求所里的研究人员经常到系里讲学，如给教师办短训班或举办讲座等；系里的教师也要到所里去参加短期的科研工作，或者到研究生院去听课。他表示自己很愿意当所系之间的联络员，为加强人员和资料的交流做一些贡献。

谈镐生与力学系教师的这次座谈让与会者受益匪浅，大大增强了教师们做好教学、科研工作的信心。他们也向谈镐生提出了教学和科研工作中设备太少、科技情报缺乏等问题。谈镐生表示，以后大家有什么困难，可以写信联系，他会尽力帮助解决。中国科大近代力学系教师提升职称时请他评议，他总能根据申请聘用教师的特点提出中肯的意见和建议，对优秀教师不吝赞赏和支持。1978年，中国科大研究生院成立，谈镐生率先给研究生院讲课，并亲自培养了多名研究生，影响很大。

1979年1月，出于对学校前途的关心，谈镐生和贝时璋、邹承鲁、王葆仁等许多科学家一起给党和国家领导人写信，就中国科大的办学问题提出了许多建设性的意见。

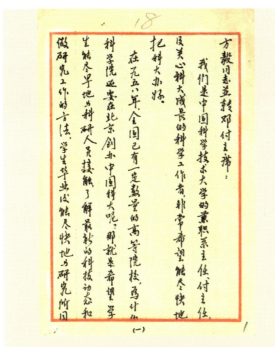
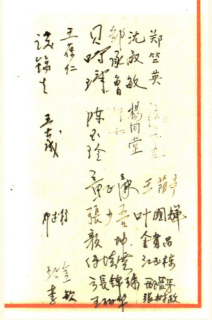

1979年1月,谈镐生等科学家致邓小平、方毅的信

谈镐生在布置近代力学系的教学和研究工作时,总是强调基础理论的重要性,这和他自己平时在科研中坚持"基础决定论"的治学思想密不可分。他常说,"什么样的基础决定什么样的科研水平""工欲善其事,必先利其器""根深方能叶茂"。当他还是中国航空研究院的一名青年科研人员时,就认识到数学是科研的基础,因此和几位志同道合的年轻人一起,自费聘请了数学老师,利用业余时间刻苦钻研数学,为后来的科研工作作了知识储备。

谈镐生在美国康奈尔大学攻读博士学位时,由于成绩优异,他的老师西尔斯教授要求他一年内取得博士学位,他却坚持学满三年。因为在他看来,只有扎实有效地把数理基础打牢,才能在科研工作中不断取得新的成果。也正是因为具有这样的治学精神,他在数学和物理考试中都获得了满分,得到了著名数学大师W.费勒和另外一位诺贝尔奖获得者的高度赞赏,他们认为即使是100分,也不能充分展现这个学生的才华。

《力学学报》的编辑们回忆说,对一些跨学科或者冷门的学术论文,一般较难找到合格的审查人,但只要找到谈镐生,他总能给出准确精当的审查意见。这也是谈镐生长期重视基础研究、涉猎广泛的一种表现。

谈镐生说，"科学家是国家的顾问"，"作为科学家一定要关心国家、关心自己的人民，要讲实话、讲真话"。正是秉持这样的理念，他在耄耋之年时仍时刻关注国家命运，尤其关注科教事业的发展。他积极参加全国政协会议和大量活动，对科技兴国、教育强国、人才培养、基础研究等重大问题都提出过前瞻性的建议，为振兴中华奉献自己的智慧和力量。

◆ 万　绚 ◆

陆元九：热心培育人才

> ## 自动化科学技术的今天和明天
>
> 中国科学技术大学自动化系　系主任　武汝扬
> 　　　　　　　　　　　　　　　付系主任　陆元九
>
> "自动化"已经不是什么陌生的字眼。比较狭义的说，就是用机器代替人的手或眼去做某项工作，以致部分地代替人去"思考"一些问题，广义的说，就是利用自动机器代替人的繁重的体力劳动及部分非创造性的脑力劳动。"生产过程自动化"就是在生产过程中从放入原料、加工到变成产品的全部工艺过程，在生产过程中用具有"眼睛"、"大脑"和"手脚"的自动化机器代替人的体力和脑力劳动。
>
> 目前，在世界上的先进的工业国家，自动化科学技术已发展到了很高的水平，在国民经济及国防方面都巳有了广泛的应用。象人造地球卫星和原子能发电站等方面都是离不开自动化这一门科学技术的。可以说，几乎在所有的新兴的尖端的科学技术领域都离不开"自动化"。"自动化"的发展也有额于其他各科学部分如物理、数学、电子学……之发展。"自动化"是一门棕合性很强的科学技术，它

武汝扬和陆元九写的中国科大自动化系介绍

这份档案是中国科大1959年招生简章中有关自动化系的介绍，由自动化系主任武汝扬教授和副主任陆元九教授共同撰写。这和招生简章中其他系的介绍稍有不同，其他系均由一位著名科学家，如华罗庚、钱学森、郭永怀、赵忠尧、赵九章、贝时璋等分别撰写了所在系的介绍文章。这可能和武汝扬教授侧重于科学管理工作，而陆元九教授侧重于学术研究工作有关。

陆元九，著名惯性导航及自动控制专家，中国科学院院士，中国工程院院士。1949年，获美国麻省理工学院博士学位，是世界上第一位惯性导航专业博士。1956年，他克服重重阻碍回国报效，任职中国科学院自动化研究所。1958年9月，中国科学技术大学在北京成立，中国科学院自动化研究所

负责筹建中国科大自动化系，下设四个专业，即自动化、自动化技术工具、远动学、自动化计算技术，自动化所所长武汝扬任自动化系主任，陆元九任校务委员会委员、自动化系副主任。他和武汝扬合作完成的自动化系介绍，生动地描述了自动化科学的现状、功能和特征，描绘了自动化科学的美好发展前景，预言了未来的自动机器会有类似人一样的视觉、听觉、嗅觉，具有"适应环境"和"学习"的本领，能根据环境的变化自动改变自己的特性来适应新环境，能吸取工作中的成功经验与失败教训而不断改进工作，能给自己"看病"——自动预报与清除故障，还能按照人的命令自动设计其他的自动机器，呼吁广大有志于献身自动化科学的青年报考中国科学技术大学自动化系，经过刻苦钻研，创造奇迹，把祖国的自动化科学推向世界的领先水平。

学校正式开学之前，陆元九多次参加学校组织的系主任会议，参与讨论学校的建校方案、培养目标、招生计划、教学计划等全校性重大问题，建言献策。1958年7月，陆元九参加学校普通物理教学研究第一次会议，与中国科学院各个研究所10余位代表讨论通过了学校普通物理教学的内容与教学大纲，学生上课、实验与复习时间比例，教材选用，抽调教员与辅导员，实验设备筹集等方面的工作安排。陆元九和武汝扬组织大批所内研究工作人员担任中国科大兼职教师，包括杨嘉墀、屠善澄、朱培基、潘守鲁、戴汝为、楼启明、张念村、何善育、黄玉堂、毛绪谨等，还请涂序彦、李世恩、叶修盛担任教学秘书。

1958年9月，中国科大正式开学以后，陆元九与马大猷、葛绍岩三人共同主讲自动化系1958级学生的"普通物理"课程。他每周利用1~2个半天的时间专门从自动化所驻地中关村赶到学校授课。陆元九讲课，重点突出、系统性强，注意结合学生的实际水平，主动请同学们提要求，并接受合理的建议，持续优化教学工作。自动化系"理论力学"课程的主讲教员由于此前没有从事过教学工作，又不善于表达，经常在课堂上紧张得满头大汗而抓不住重点，教学效果较差，同学们普遍反映听不懂。虽然第二学期主讲教员换人了，但同学们的第一学期课程"半生不熟"，落下不少。陆元九看在眼里，急在心中，于是主动要求由自己利用周末时间为同学们补课，从而解决了遗留问题，没有耽误同学们的学习。

1959年1月，陆元九在自动化所主持中国科大自动化系教学会议，修改教学计划；确定设置6个专业方向：火箭自动控制、原子能自动控制、自动学、远动学、模拟及计算技术、自动化技术工具；确定专业课授课老师：一般专业课由夏义诗、涂序彦、易允文讲授，火箭自动控制的专业课由陆元九讲授，原子能自动控制的专业课由杨家墀讲授，自动学的专业课由童世璜、疏松桂、潘守鲁讲授，远动学的专业课由王傅善讲授，模拟及计算技术的专业课由屠善澄讲授。1961年，陆元九和自动化所的研究人员一起为中国科大自动化系正式确定了第一批专业课程，包括"自动化原理""脉冲技术""远动学""特殊元件及仪器""计算机原理""计算技术""自动化元件""控制论""火箭控制""计算机线路""自动学基础""固体物理"等。

1961年，中国科大各系成立了系务委员会，陆元九出任自动化系系务委员会副主任。自动化系系务委员会会议一般都在自动化所内举行，陆元九通过系务委员会对教学和科研工作提出了许多有建设性的意见。在第二次系务委员会上，陆元九针对自动化系1958级、1959级来研究所上专业课的大多数同学基础课不够扎实，不能以数学方法解决物理问题的缺陷，提出以专业课讲授带动基础课补习。他自己通过讲陀螺力学给同学们补理论力学和数学知识，课堂上穿插理论力学和数学课中同学们普遍不太懂的内容来补习；针对教学计划、课程修订问题，提出自动化所要专门抽调一人全盘考虑各门课程之间的关系，要将全部课程通看一遍，收集各方面意见，最后提出方案；针对助教培养问题，提出要组织主讲教师拿出详细的计划，指导以后准备主讲的助教，如要求他们上什么课、看什么书。

陆元九非常关注人才培养工作，对中国科大自动化系的创建和早期发展倾注了大量心血。后来，该系毕业生在人造卫星姿态控制、遥测控制、惯性器件等的研制方面都作为技术骨干发挥了重要作用，这与陆元九当年的热心教育和培养密不可分。

◆ 方黑虎 ◆

钱人元：倡导教学与科研结合

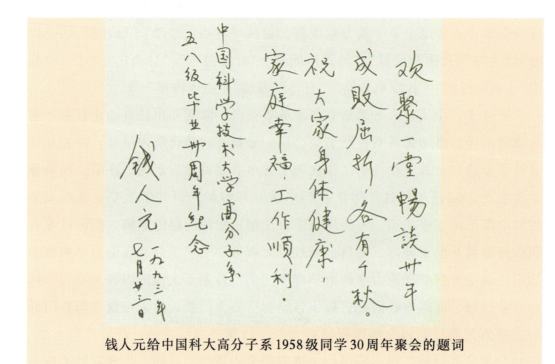

钱人元给中国科大高分子系1958级同学30周年聚会的题词

这是我国著名高分子物理学家钱人元先生给中国科大高分子系1958级同学30周年聚会的题词，其中几多感慨，一份衷肠，表达了他对于中国科大和同学们的牵挂和祝福。

钱人元（1917—2003），江苏常熟人，高分子物理学家、物理化学家。1939年，毕业于浙江大学化学系；1980年，当选中国科学院学部委员；1958年，参与中国科大筹建；1978年，任中国科大化学系副主任。

1958年，中国科学院筹办中国科大，确立了"全院办校、所系结合"的办学方针。钱人元时任中国科学院化学研究所研究员，成为中国科大的兼职教授，与王葆仁教授在中国科大共同创建了我国第一个也是世界第一个高分子化学和物理系，并担任高分子物理教研室主任，在国内率先开展高分子物理科技人才的培养工作。

1958年7月，时任中国科学院化学研究所副所长柳大纲召集新成立的中国科大普通化学教学研究室成员举行第一次会议，钱人元、王葆仁、梁树权、杨承宗等著名科学家出席了会议。钱人元等人讨论了中国科大建校后首批设置的13个系的普通化学课程的学习要求、教材、教员力量配备、讲课时间与实验复习时间的比重和实验设备等。钱人元还参加了中国科大普通物理教学研究等方面的会议，不断为学校的筹建建言献策，与中国科学院各研究所的专家们一起为学校制订了普通物理与普通化学课程的教学计划，确定了教学内容。他还亲自制定了中国科大高分子物理化学专业的教学大纲、专业课程设置、实验规划，并亲自登台讲授"高分子物理""高分子物理化学"两门课。他所讲的课程内容后来由学生整理成《高聚物的结构与性能》一书，由科学出版社出版，成为高等学校的教学参考书，也是国内高分子科学工作者非常重要的中文参考书籍之一。1962年5月，学校召开校务常委会，确定了专业课教研室主任、副主任名单，钱人元被任命为高分子物理教研室主任。同年11月，应中国科大副校长严济慈之邀，钱人元等科学家再次来校座谈，对教研室的教学工作提出了中肯的建议。

1978年，科学的春天回到中国大地。同年4月，为贯彻落实党中央批准的中国科学院《关于中国科技大学若干问题的报告》，把学校建成高水平的教学中心、科研中心，中国科学院严济慈、李昌两位副院长率各研究所所长、研究员一行20多人来到中国科大检查指导工作，钱人元再次来到学校。学校召开全校师生员工大会，中国科学院宣布了新一届系主任名单，钱人元被任命为化学系副主任。

此次中国科大之行，钱人元与高分子物理专业的师生进行了座谈。在座谈中，钱人元详细阐明了高分子学的重要性，并强调指出，随着高分子工业的逐步发展壮大，全国对此类人才的需要量很大，因此中国科大的高分子物理专业一定要很好地办下去。他要求学校的老师要实现教学和科研的有机结合，让讲课和科研融会贯通，并以身作则，动员中国科学院化学研究所的科研人员来中国科大高分子系兼职授课，对电工电子学课程教员分散到各系管理的状况提出了改进建议。钱人元十分关心学生的学习和生活，反复询问同学们是否有学习和生活困难，并号召同学们培养自学能力，打好学习基础，学好外语，通过不懈努力把学校创建成第一流的大学。

座谈后，他参观了高分子物理、化学物理部分实验室和化学系的药品仓库。他指出，夏天温度较高，"棚屋"仓库易发生安全问题，因此急需另外选址盖一个药品仓库。在与中国科学院领导、科学家们讨论中国科大办学状况时，钱人元仔细分析了学校专业分得过细的原因，强调只有减少专业设置，加强基础课的学习，才能打造出适应性较强的人才。他建议学校针对这种情况把某些专业改为研究室或者研究组。

钱人元一直关心中国科大的人才培养和科学研究工作。1989年，他还到中国科大亲自主持"第三次中日有机固体中的电导、光导及其有关现象双边讨论会"。

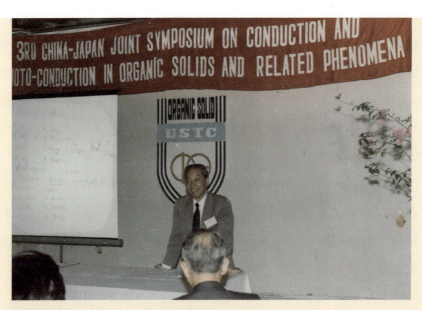

钱人元在中国科大主持学术会议（1989年）

◆ 万　绚 ◆

杨纪珂：科技大学对我不错

2007年6月16日，86岁高龄的杨纪珂访问曾经任职的中国科大，笔者有幸当面请益。杨先生精神矍铄，辞锋甚健，回顾了他在中国科大的诸多往事。

杨纪珂，1948年获美国俄亥俄州立大学硕士学位，1955年响应国家号召归国报效，先后任职于重庆某钢铁厂，中国科学院化工冶金研究所、生物物理研究所。1963年，中国科学院组织一批科学家赴珠江三角洲考察，中国科大副校长、数学系首任系主任华罗庚任团长，杨纪珂参与其中。代表团所到之处备受欢迎，最后在广州进行学术交流。杨纪珂讲授应用数理统计在各个学科中的应用，引起较大反响。广东省的会议组织者找到华罗庚，希望杨纪珂再讲一场，让更多的人来听。于是，杨纪珂多讲了一场，也因此与华罗庚熟识，此后两人之间常常赋诗唱和。

回到北京，华罗庚邀请杨纪珂到中国科大任教："干脆你到科技大学来吧，到科技大学数学系讲应用数理统计。"于是，杨纪珂开始在中国科大兼职授课。1965年，华罗庚在全国推广统筹法，深感人员不足，于是便想请杨纪珂到中国科大正式任教，一起从事应用数学在全国生产领域的推广工作。华罗庚在中国科大数学系龚昇副教授陪同下一起前往杨纪珂的家——中关村12号楼。杨纪珂的家在四楼，由于华罗庚先生的脚不方便上楼，就让龚昇上楼去请杨纪珂出来交谈。华罗庚说中国科大成立了一个统筹方法研究室，想请他去帮忙。几天之后，华罗庚又派车接杨纪珂到他家，请杨纪珂介绍一下应用数学的各个方向。杨纪珂向他推荐了优选法，华罗庚再次向杨纪珂发出邀请："干脆你就调到我这儿工作吧，应用数学的门类很多，我们一个一个搞，到全国去讲。"杨纪珂深受感动，于1966年5月调入中国科大数学系任教，和华罗庚一起从事应用数学的推广工作。杨纪珂很快写出《质量评估平话》一书，深入浅出地普及质量管理知识，印制了13万册，准备在全国推广。后来"文革"爆发，此书一本也未售出。

华罗庚(左)与杨纪珂(右)

1970年，中国科大辗转南迁合肥，杨纪珂也随学校来皖，先到铜陵炼铜厂参加劳动锻炼。当时，全体数学系师生寄宿于铜陵市一家电影院内，杨纪珂带着他的小儿子睡在舞台上。1972年，学校开始招收工农兵学员，教学工作逐步走向正常化，杨纪珂开始研究生物统计学，并在全国畜牧业育种、植物育种领域进行推广，取得了广泛的良好影响。

回忆起1978年参加全国科学大会，杨纪珂非常自豪。当时，有一位老先生在大会上讲中国科大现在形势很好，他站起来反驳说数学系并不好，"造反派"还在当权，并举例说他们还在威胁陈希孺等教授，要给他们"戴帽子"。时任中国科学院党组书记方毅当即回应，要求安徽省、中国科大党委回去以后一定要立即纠正。时过不久，中国科大数学系的"造反派"就完全退出了历史舞台。

1980年，安徽省委书记万里要求中国科大选派著名教授给省委省政府的干部们讲授农业和生物工程知识。杨纪珂代表学校授课，他在讲到农业机械化时，主张不要在安徽推广，并列举诸多原因。首先农民不会使用机械；第二农民不会修理机械，请人修理费用很高；第三农民买不起柴油；第四，安徽农村人多地少，劳动力充足，没有那么多土地来施展机械的功能；第五，农业机械化不如牛，农村老人小孩都会养牛，牛的一身都是宝。万里听了之后不住点头，印象深刻。在随后不久的安徽省领导班子换届时，万里提出请杨纪珂出任安徽省副省长。

当中国科大党委书记杨海波向杨纪珂提出党组织的考虑时，杨纪珂还有一点犹豫，因为此时他的爱人和孩子都在美国，想让他去美国团聚。杨纪珂仔细思量，回想自己当初因爱国而回，现在已经从"文革"磨难中走出来，正是报效祖国的时候，不能再去美国了。结果，杨纪珂的爱人听从他的劝说，放弃了在美国疾病控制中心（CDC）的工作，回到了他的身边。

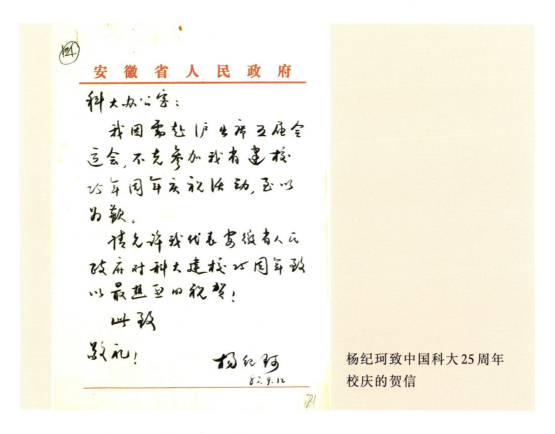

杨纪珂致中国科大25周年校庆的贺信

杨纪珂先生最后说："回忆往事，不胜感慨之至啊！我要感谢科技大学的就是，科技大学的自由程度非常高。我那个时候去全国讲学，实际上就把系里面的事情放掉了，有点不负责任，这在其他大学是不允许的，但是科技大学这一点做得比较好。而且'文革'时我刚调到科大没几天，没有吃什么苦头，被关的时间也不长，所以我没有什么抱怨，我总觉得科技大学对我不错。"

◆ 方黑虎 ◆

刘有成:赤子情怀,心系教育

2010年前后的几年间,中国科大校园内经常会有这样一幅场景:宁静的校园里,绿树丛荫之中,对面走来一位满头银发、慈眉善目、满面容光的老人。他虽然拄着拐杖,步履缓慢,却从容笃定。

他是谁呢?稍有点年纪的中国科大教职员工都认识他:刘有成院士。

那时,刘有成院士已经90岁高龄,但他非常关心学校的发展,遇有邀请在校院士参加的重要会议,他从不缺席。所以中国科大的校园里,经常会出现刘有成院士年迈而笃定的身影。我记得,大约是2015年的一次会议,刘有成院士的行动已极为不便,依然在工作人员的搀扶下来到了水上报告厅。当他步履蹒跚地走进会场时,全场掌声雷动、经久不息,向这位赤子情怀、心系中国科大发展的老人致以崇高的敬意。

刘有成院士参加中国科大建校50周年纪念大会(2008年)

刘有成，安徽舒城人，少时求学经历坎坷，在诸多师友资助下才完成从中学到大学的求学之路。1943年，毕业于国立中央大学。1948年，获得英国利兹大学哲学博士学位，后往美国从事自由基化学研究。

1950年，得知新中国情况的刘有成决心回国，但朝鲜战争爆发，中美关系恶化暂时阻止了他的计划。美国移民归化局告诉刘有成，根据美国的法令，他不得擅自离开美国国土，驳回了他的申请。

1953年，朝鲜停战协定签订，刘有成再次向美国移民归化局提出书面申请离境，但是得到的回复还是不准离开美国国境。直到1954年日内瓦会议的召开才出现转机。经过中方的极力争取和外交斡旋，美国开始妥协，允许部分中国人回国。1954年11月29日，刘有成终于登上了"威尔逊总统号"轮船，踏上了回国的旅途。

刘有成（前排右一）等回国学者在"威尔逊总统号"轮船上合影（1954年12月）

回国后，刘有成积极响应国家建设大西北的号召，举家前往兰州大学任教。当高教部领导建议他去兰州大学工作时，刘有成表示："我回来的目的就是要回到祖国，到哪工作，我服从分配，祖国哪里最需要，我就到哪里去。"在极其艰苦的环境中,他白手起家,创建了国内第一个自由基化学研究小组,开辟了我国的自由基化学研究方向。他还开展石油化学专门化教育,为国家培养了大批的急需人才。改革开放后,刘有成牵头在兰州大学建立了应用有机化学国家重点实验室,取得了一系列原创性科研成果。

刘有成一家三口在兰州大学图书馆前合影(1956年)

1994年1月,古稀之年的刘有成院士回到中学读书之地安徽合肥,加入中国科大。面对中国科大有机化学专业只有一个教研室的薄弱状况,他一方面加强有机化学的教学,另一方面迅速建立学术团队,开展科研工作,补起了中国科大有机化学的短板,使之最终入围国家重点学科,为中国科大的学科建设和人才培养做出了卓越的贡献。

2008年9月18日,在中国科大建校50周年庆典之际,刘有成将个人积蓄30万元捐赠给学校,设立"刘有成奖学金",奖励贫困学生,让他们安心读书。他说:"我出生于清贫的书香世家,没钱念书,只有靠奖学金才能完成学业,乃至出国深造,这些难得的机遇是我料想不到的。在长达50多年的工作时间里,我体会到人生的价值在于奉献这一真谛。"

刘有成在实验室指导研究生从事研究工作

> 理想是人生的目标
> 创新乃科学的灵魂
>
> 刘有成
> 二〇〇九年七月

刘有成寄语中国科大学子

  2013年3月，刘有成院士将他珍藏一生的大学毕业证书、博士毕业证书等宝贵证书、手稿、图书、实物等100余件物品无偿捐赠给中国科大档案馆（校史馆）永久保存。这次捐赠也完美地诠释了刘有成院士"人生的价值在于奉献"的价值观。

中国科大校史馆工作人员在刘有成院士家中接受捐赠(2013年3月)

2020年12月,中国科大博物馆、档案馆(校史馆)、化学与材料科学学院联合举办刘有成先生诞辰100周年纪念展,借此缅怀他对中国有机化学领域的卓越贡献、心系祖国的高尚情怀和埋头苦干的奉献精神,以之激励后学不忘初心,砥砺前行。

◆ 方黑虎　汪　喆 ◆

曾肯成：国家秘密的守护者

中国科大数学系流传着一则关于曾肯成教授的故事，时常为师生们津津乐道。

1989年1月，应美国路易斯安那大学拉斐特分校的邀请，曾肯成教授前往该校长期访问讲学。同年，曾肯成参加了每年一度的美国密码学大会，在会上提到了美国商用密码加密标准的一处疏漏。这个细节引起了美国国家安全局的警觉，他们通过仔细调查，认为曾肯成是一位密码天才，决定设法进行策反。先由联邦调查局出马，定期拜访，实施"软功夫"，动员曾肯成留在美国。曾肯成只坚持一条，学术研究可以合作，搞密码不行，绝不能威胁国家的秘密。联邦调查局拜访了十几次毫无进展，中央情报局出场了。中央情报局直奔主题，开出不菲的条件，如授予美国德州农工大学终身教授称号、提供一处宽敞的住宅、为曾肯成患病的女儿提供免费治疗等，要求曾肯成留在美国为他们服务，利诱之中还隐隐包藏着威胁。

在联邦调查局的拜访中，曾肯成已经察觉到美国人的策反意图，他多方联系在美国的同事进行咨询，并接受他们的建议，寻找机会将自己的处境向路易斯安那州附近的中国驻休斯敦总领事馆作详细汇报。中国外交部得知情况后，向中国科学院通报，中国科学院立即安排人员赴美协助曾肯成处理回国事宜。曾肯成很快顺利回国。曾肯成后来回忆说："1989年10月9日至1991年1月24日，美国联邦调查局、中央情报局和国家安全局的人员曾经先后找过我20次，保证提供永久居留权和高薪科学家待遇，我没有接受他们的诱惑，也没有泄露我们自己的实际研究成果，并且从一开始就向我国驻美国使领馆和国内来访的科学院领导做了多次汇报……党和政府相信我，我感到十分欣慰！"

曾肯成，湖南涟源人。1950年毕业于清华大学数学系，1959年1月进入中国科大数学系任教。曾肯成素怀赤子之心，从不因个人荣辱而损害祖国的利益。1956年，留学苏联，在苏联科学院数学研究所学习期间，因涉苏言论问题被错误定为"右派"并被要求立即回国。当他站在莫斯科火车站的月台上时，正好有两辆方向相反的列车，一列开往北京，另一列开往华沙。他知道回国要接受批判，如果登上去华沙的火车，也许能逃脱暂时的厄运，但会走上背离祖国的道路，最终他选择回到祖国。当年莫斯科月台上那个笔直的身影，体现了他始终胸怀祖国的赤子情怀。

中国科大并没有因为曾肯成的身份而忽视他的教学才能。回到学校后，曾肯成全力以赴投入教学工作。曾肯成的教学方式是启发式的，整体思路清晰，语言生动活泼，每门课都形成一棵知识树，使学生易于掌握。曾肯成讲课一般不从定义出发，而是从数学故事开始。例如，在讲抽象代数时，他从三等分角、五次方程求根公式这样有名而又有趣的故事开始，引起学生的探索求知兴趣，并逐步深入；他在讲通信和编码时，以"烽火连三月、家书抵万金"来表示通信手段，烽火是敌情的编码，家书则代表我方的编码。此类的故事、类比在曾肯成的课堂上层出不穷，于是让学生觉得数学不再是深奥、枯燥的代名词。他还喜欢在课堂上向学生提出问题，以此打开学生的思路，让学生在解决问题中掌握数学的精髓。

曾肯成学识渊博，不仅数学领域涉猎广泛，文史知识更是博古通今，加之才思敏捷，出口成章，上课几乎不需要教材。他在课前打好腹稿，按照自己的思路讲下去，几乎从不出错。但偶尔也有"马失前蹄"的时候，有一次讲定理的证明，突然证不下去了。他略一思索，一拍大腿，大叫一声："唉，笨蛋，这里错了！"立时更改思路，又滔滔不绝地讲了下去。

虽然自己上课不怎么用教材，但曾肯成为中国科大的数学教材建设做出了巨大贡献，中国科大建校初期各系使用的《微积分》《线性代数》《复变函数》《数学物理方程》等讲义皆出自他手。曾肯成写讲义也有自己的特点，不像别的老师那样写写停停，他一旦动手就直接写到底，一气呵成，经常是一支笔、一包烟通宵达旦，一个星期就完成一本讲义。这令与他同居一室的青年教师史济怀佩服不已。曾肯成编写的讲义经过一代代中国科大教师的改编，至今还影响着成千上万的莘莘学子。

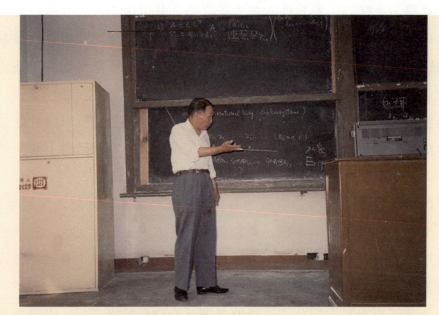

曾肯成教授在中国科大作关于密码学的报告

1974年，中国科大数学系开展编码方向的研究，曾肯成开始接触密码学。"文革"期间，他带领一帮年青教师和学生开展移位寄存器的研究，并取得了不俗业绩。1978年，由于出色的教学科研业绩，曾肯成被学校直接破格由讲师聘任为教授。就在曾肯成准备在密码学领域大展拳脚之际，他的女儿突然患上红斑狼疮恶症。为了方便女儿在北京治病，经中国科学院院长方毅等领导批示，曾肯成调到中国科大研究生院（北京）任教，开始了一年多的东奔西走、到处代课挣医药费的艰难生活。后来组织上了解到他的特殊情况，解决了他女儿治病的部分费用，缓解了他的经济压力。后来，他女儿的病也逐渐好转了。

20世纪80年代初，曾肯成找到自动控制专业的吕述望、赵战生等青年教师，自发成立了"电子密钥研究小组"，开展流密码理论算法的工程实现研究。他们经常以家为办公室，尽情讨论，夜以继日，困了就东倒西歪休息一会，谁要是有了灵感就爬起来继续讨论。直到1984年11月，中国科大研究生院（北京）成立数据与通信保护研究教育中心（以下简称DCS中心），从事密码学理论与实践的研究，他们的研究条件才有了根本性的好转。曾肯成带领DCS中心全体研究人员在密码学理论和密码机的制造方面进行了卓有成效的工作，为守护国家机密做出了突出贡献。1991年，经过严格评审，DCS中心成功升格为信息安全国家重点实验室。1992年，以曾肯成教授领衔的密码学应用研究成果也荣获国家科技进步一等奖。

◆ 方黑虎 ◆

杨振宁:我能够为科大做些工作

杨振宁,世界著名物理学家,因和李政道一起发现弱相互作用下的宇称不守恒定律而获得1957年诺贝尔物理学奖。杨振宁出生于安徽合肥,与中国科学界多有交流,地处合肥的中国科大自然成为杨振宁回国交流的必选之地。

1978年8月,杨振宁教授回国探亲,来到合肥,同时访问中国科大。此前,中国科大在合肥接待过的外籍学者也仅仅有美籍华人吴京生教授、董云潮教授、刘崇衡讲师和英籍华人江涛教授四人而已。此后,在杨振宁教授访问的光环效应和他本人的推动下,很多美籍华裔学者都来中国科大访问交流,人数呈逐年递增之势,这也拉开了中国科大"请进来"开放办学的帷幕。

杨振宁访问中国科大(1978年)

杨振宁在访问中对中国科大的教学、科研和校园远景规划提出了许多有益的建议。他建议尽快派年轻教师出国进修，学习国际上新的知识，并表示愿意接受国内优秀的学生做自己的研究生。他希望多邀请国外学者，尤其是华裔学者来讲学或者定居，他本人以后访华时也可以来我校进行短期讲学。他说："我能够为科大做些工作，我将把科大的远景发展广为介绍，吸引更多的人来。我也可以和学校需要的学者联系，请他们访华作短期、长期讲学。学校将来有什么需要可以提出来，我回美后可以写信来。"说到少年班，他认为很重要，这在世界上是首创，不仅对中国，可能对世界教育事业也会有所贡献。他认为大学生的培养过分专业化不利于人才的成长，另外要注意培养大学生动手做实验的能力。

谈到科研时，杨振宁认为要实行考核淘汰制，这是促进科研的好办法。谈到校园远景规划时，杨振宁建议请最优秀的建筑师来规划校园，如可以请贝聿铭提建议或者帮助设计，要搞好校园的绿化美化。

访问期间，杨振宁教授还作了一场题为《大学的责任》的报告，提出了大学教育要注意搞好"博"与"专"的关系，大学教师的考核要引入同行评价机制，要促进不同学科之间的交叉等真知灼见。其间，他向学校赠送了一台H/7-25型袖珍计算机，后由学校交由物理系吴杭生课题组使用。

杨振宁在操作他赠送给中国科大的袖珍型计算机

杨振宁教授这次访问中国科大虽然只有短短三天时间，但开启了他与中国科大数十年交往的大门。

1978年11月，中国科大同步辐射考察团访问美国，杨振宁在纽约州立大学石溪分校接待时答应担任我校客座教授。1981年7月，杨振宁教授再次来到中国科大讲学，先后参观了同步辐射实验室和物理系实验室，同学校领导、同步辐射实验室、近代物理系、少年班师生分别进行了座谈，还对全校师生作了《当今世界对科学技术的看法》的学术报告。

杨振宁在中国科大作报告（1981年7月）

杨振宁教授在交流中对中国科大的教学和科研工作很感兴趣。他对我校派往纽约州立大学石溪分校的访问学者和研究生表示满意，觉得他们很有水平。他很欣赏我校近代物理系的实验研究和基础物理教学中心的理论研究，并推荐近代物理系徐克尊的实验研究成果到欧洲的《物理通讯》杂志发表，推荐基础物理教学中心尤峻汉的理论工作成果到《中国物理》杂志发表，认为中国科大只要每年都出这样的成果就能站住脚。

杨振宁教授对少年班同学亦十分关心。他向少年班同学赠送了魔方玩具，介绍了自己的科研心得，建议同学们知识面要宽一点，多读诸如《科学的美国人》《80年代的科学》等科普读物，建议同学们根据自己的兴趣和才能以及科学的发展选择自己的专业。他认为少年班有可能培养出像丘成桐那样的大数学家。1983年12月28日，杨振宁在接受邓小平接见时提道："我知道中国有个少年班,14~15岁上大学,很聪明,这些人学软件专业,今后将会前途无量。"邓小平表态说:"科大少年班可以搞。"并做出了批示。由此,科大少年班设立了计算机软件专业。

杨振宁给少年班的题词

杨振宁看到同步辐射实验室已经取得的工作成果非常高兴。他表示在海外早就听说中国科大要研制同步辐射加速器,但又听说进行得不顺利,到这一看才知道你们已经做了很多非常重要的工作,比如磁铁、磁场测量、真空、微波都很好,工作体制也很成功。杨振宁随后在北京同方毅副总理会谈时也极力推荐中国科大的同步辐射实验室,方毅副总理表示中国科学院一定

杨振宁教授给中国科大的题词

要拿出资金做同步辐射加速器。

在校期间，杨振宁教授欣然为学校题词："怀着激动的心情又来了合肥，在贵校看到许多新的旧的朋友。很高兴了解了一些你们的工作成果。祝你们继续为祖国四化，为富裕安徽，做出贡献！"

◆ 方黑虎 ◆

杨振宁七十华诞庆典

1992年6月16日至20日，著名美籍华裔物理学家杨振宁再度来到中国科大讲学，其间正逢他70周岁生日。

6月17日，中国科大"庆祝世界杰出科学家杨振宁教授70华诞"典礼在水上报告厅举行。闻讯而来的学校师生早早来到水上报告厅，仅能容纳500人的会场很快爆满，很多学生席地而坐，厅外的窗台边、台阶上也都挤满了人。当杨振宁在谷超豪校长的陪同下走向会场时，会场外的师生夹道欢迎。及至他们步入会场时，全场一片掌声，久久不停。

中国科大为杨振宁举行70华诞庆典（1992年6月）

时任中国科大校长谷超豪、安徽省副省长吴昌期、合肥市市长钟咏三、钱临照教授分别向杨振宁致了贺词。谷超豪校长代表中国科大全体师生员工向杨振宁表达了欢迎和祝贺，并回忆了杨振宁与中国科大的交往。其实早在1974年杨振宁访问上海时，就与当时在复旦大学数学系任教的谷超豪教授有了交往，并开始在科研上进行合作。吴昌期副省长代表安徽省政府致贺词，他高度评价了杨振宁的功绩，认为他不仅是一位科学界巨子，也是一位杰出的爱国主义者和社会活动家。1971年，杨振宁作为美籍华裔学者第一人访问新中国，重开了关闭了20多年的中美科技交流与合作大门。

致完贺词之后，杨振宁健步登上讲台，他动情地说："我4次返回故乡，第3次来科大，今天又搞了这么盛大的场面为我祝寿，我非常激动。"之后，他以简洁的语言介绍了他70年的人生道路以及取得的辉煌成就，会场内不时爆发出一阵阵掌声。"谁道人生再无少？门前流水尚能西"，杨振宁最后引用苏轼的诗句表达自己不懈的人生追求。报告结束后，谷超豪校长代表学校将一幅安徽山水画和一套文房四宝作为寿礼赠送给他。杨振宁非常感动，说到："今天是我一生中难忘的时刻，乡亲们、师生们这样为我祝寿，我非常感动。让我借用家父题赠的两句诗来答谢与自勉：每饭勿忘亲爱永，有生应感国恩宏。"

典礼结束后，杨振宁教授又前往学校大礼堂同几百名师生进行交流。6月18日，杨振宁在学校作了题为《碳60的结构》的学术报告。访问期间，杨振宁分别给学校和火灾科学国家实验室题词："六月中旬，再度来到科技大学，各方面进步很大，谨祝成为世界一流学府！""制天命而用之。"

此后，杨振宁一直和中国科大保持紧密联系。1994年，任中国科大理学院名誉院长，推动了中国科大理学院的发展。1999年，中国科大建设"赵忠尧教授纪念馆"，杨振宁为之题词："赵忠尧先生一九三〇年所发表的两个工作是最早关于正电子的工作。是十分了不起的实验。"2000年，杨振宁赴中国科大参加"求是研究生奖学金"颁奖典礼，为获奖同学颁奖，随后为"赵忠尧教授纪念馆"揭幕。2001年，杨振宁再次赴中国科大参加"求是研究生奖学金"颁奖典礼，并在朱清时校长的陪同下参观学校举办的"校史人物纪念展"。笔者有幸作为解说员，为杨振宁一行进行解说。2007年，杨振宁在中国科大作题为《1957年宇称不守恒在物理界引起的震荡》的学术报告。2015年、2018年，杨振宁两赴中国科大参加年度"求是研究生奖学金"颁奖典礼。

杨振宁教授在中国科大作学术报告(2007年)

◆ 方黑虎 ◆

丁肇中：六次来华最高兴的一天

1982年2月10日至11日，著名美籍华裔物理学家、诺贝尔物理学奖获得者丁肇中教授应邀访问中国科大，并被学校聘为名誉教授。其间，丁肇中教授的活动日程被安排得满满当当。但无论是作学术报告还是参观实验室，无论是与师生座谈还是研究生面试工作，他总是兴致勃勃，情绪十分高昂。

丁肇中教授在实验室和中国科大师生交流（1982年）

丁肇中为中国科大师生作了一场题为《什么是高能物理》的学术报告。他用通俗的语言介绍了高能物理发展简要过程，表示高能物理对于科学的发展是很重要的。他认为，中国是一个大国，不能因为现在某些方面的落后而不参加基础科学的研究，应当在人力、物力许可的情况下尽量做一些工作，如可以派人出国做一些合作研究。丁肇中教授在参观实验室时对学校自力更生的精神表示赞赏："来到科大，我感到有一种精神是很可贵的，真是名不虚传，科大是一个很好的学校，是很有希望的。"丁肇中教授面试了近代物理系周冰等4位同学。在近10个小时的交谈中，他非常注意学生的基础训练，谈话内容及其广泛。他特别强调："一个好的实验物理学家，一定要有好的物理基础，有自己的物理思想，要掌握群论、量子电动力学等这样的理论基础，才能做出好的物理结果。"他对我校推荐的4位同学都很满意，认为很有前途，和麻省理工学院最好的学生不相上下。丁肇中对中国科大留下了深刻而美好的印象。

丁肇中教授回到北京后，时任中共中央委员会主席胡耀邦会见了他。丁肇中对胡耀邦说："我这次去中国科学技术大学一天，是我六次来华最高兴的一天。每次来，见到的多是官员和中年以上的科技人员。到了科大，见到的人非常年轻，智力也很好。我作了学术报告，同他们谈了话，挑了4个人，他们的水平、物理思想、事业心绝不比美国麻省理工学院的差，英语也很好。这次去科大，发现科大的仪器不好，没有现代化仪器和计算机。我已打电报回去，有很多不用的仪器放在美国、西德，不久就可以运到科大。"

丁肇中教授还对有关接待人员说："杨振宁、李政道教授均先后去过中国科学技术大学。回美国后都对我说，中国科学技术大学办得不错，有创新精神，很有希望。我这次仅待了一天，得到的印象与他们相同。我已选定把中国科大作为自己今后合作的对象，每年回来都要去那里一趟。所以我认为，办好一个大学不一定都在首都、大城市。也许由于科大远离北京，各方面干扰少，老师和学生都能专心学习和工作。"

其实，丁肇中教授与中国科大的联系在他访问学校之前就已经早已建立。1978年，中国科大近代物理系许咨宗、杨保忠老师就赴德国参加了丁肇中领导的国际高能物理合作研究，这也是我国派往西方国家的第一个科研小组。

此后，丁肇中教授一直与中国科大保持着密切联系，中国科大的高能物理研究也取得了长足发展。1982年9月，丁肇中从国外远程托运一台PDP-11/45型计算机赠送给中国科大，用于帮助改善中国科大同步辐射加速器的实验条件。1983年3月，他再次访问中国科大，与有合作的教师深入沟通，亲自面试挑选留学研究生，和少年班同学亲切交流，并为学校题词："We are happy to be here to visit your university. We hope that we will have a useful and productive collaboration."（此次贵校之行，令我们感到愉快。希望我们双方能开展一次受益匪浅、富有成效的合作。）

丁肇中给中国科大的题词（1983年）

1984年，丁肇中教授将中国科学院颁发给他的5000元奖金赠送中国科大，设立"一年级物理、生物奖学金"，用来鼓励那些学习成绩优异的大学新生，并坚持不以自己的姓名冠名奖学金。中国科大近代物理系的多个研究组长期参与丁肇中教授领导的L3探测器的设计、制造和数据分析工作。直至

丁肇中在中国科大作学术报告（2016年）

现在，中国科大还与丁肇中教授及欧洲核子中心（CERN）保持着密切合作。2007年，中国科大参加CERN最重要的探测器ATLAS研制，成为中国ATLAS重大国际合作的发起单位，在希格斯（Higgs）粒子的发现等方面做出了重要贡献。

1992年，中国科大授予丁肇中教授名誉博士学位。2016年，丁肇中教授重回故地，来到中国科大。他为全校师生作了一场题为《国际空间站上AMS实验的最新进展》的学术报告，介绍了国际空间站上阿尔法磁谱仪（AMS）的结构功能和最新实验进展以及物理结果。

◆ 方黑虎　丁毅信 ◆

陈省身：不要考第一

中国科学技术大学校史馆"少年班"专题展厅陈列了一幅数学大师陈省身的题词——"不要考第一"。参观者浏览之际往往在这里驻足，投之好奇、惊异、敬重的目光，甚至偶有争议，到最后不得不感叹大师的智慧。

陈省身的题词

不要考第一？为何要对力争上游的少年们有这样的要求呢？原来，这背后隐藏着陈省身对中国科大少年班孩子们特别的寄望。

中国科大少年班是特殊历史背景下高等教育改革的产物。"文革"结束后，从国家层面到高等学校，都感觉到了加快培养人才的必要性和紧迫性，提出"早出人才、多出人才、出高层次人才"的教育战略，并迅速恢复高考制度。1977年10月，江西冶金学院教师倪霖上书国务院副总理方毅，推荐智力超常的13岁少年宁铂上大学。方毅副总理批示："请科技大学去了解一下，如属实，应破格收入大学学习。"与此同时，中国科大也不断收到全国各地推荐少年英才的信件，于是产生了创办少年班的设想，并得到了中国科学院的批准。1978年3月，中国科大少年班正式成立，成为科学春天里迎风盛开的第一支迎春花。

彼时，陈省身已经获得国际数学界的最高奖——沃尔夫奖，蜚声国际学术界。他心系祖国，希望"为中国数学事业的发展鞠躬尽瘁、死而后已"，竭力帮助祖国的数学事业取得长足进步。自1972年首次回国访问后，陈省身频繁回国举办讲座，向国家领导人积极建言发展数学，领导筹建南开大学数学研究所并亲自担任所长，培养中国新一代数学人才，真可谓事无巨细，尽心竭力，与其相知者无不感动。

在此过程中，他与中国科大建立了密切的学术联系，毕竟其清华大学的搭档、西南联大的同室好友华罗庚是中国科大的副校长、数学系系主任，当年他的助理研究员吴文俊又是中国科大数学系的副主任，更何况这里亦为中国的数学重镇之一，有颇多数学界的青年才俊、后起之秀。陈省身热心帮助中国科大数学系师生提高数学水平，先后推荐多名学生前往美国哈佛大学、德国波恩大学等世界著名学府攻读博士学位，接受彭家贵、王启明等人到他工作的美国加州伯克利大学进修学习并精心指导，同时也从各个方面关心和帮助他们更快地成长。1983年6月，陈省身致信中国科大教务长尹鸿均教授，推荐彭家贵担任教授职务，"他对数学整体有深刻的了解，为人勤奋，为不可多得的人才"，爱才之心，举才之行，溢于言表。

1985年6月，陈省身参加南开大学举办的"第二期数学研究生暑期教学中心讲座"，亲自为国内的数学研究生授课。授课之余，陈省身分别访问了中国科学技术大学、复旦大学，并为两校师生带来了精彩的学术报告。15日下午，陈省身在合肥作了题为《几何学的发展（1900—1950）》的报告之后，为中国科大少年班留下了珍贵的墨宝——"不要考第一"。

这则赠言是陈省身在告诫中国科大少年班同学在学习中不要以获取最高分数为追求。

那应该追求什么呢？陈省身在他的回忆录《学算四十年》中仔细回顾了他的求学历程，曾经尝试物理、化学诸科而不得法，只有数学才是一直以来的强项，于是数学成为他在求学过程中最自然的选择。他在清华大学读研究生时跟随导师在投影微分几何领域里探索，感到无甚前途却不知未来究在何方，颇为苦恼了一阵子。后受来访的德国汉堡大学布拉希克教授之影响，认

陈省身在中国科大作学术报告

识到研究"微分流形上的几何性质"的重要性，重新选定专业方向。此后，陈省身以此为目标，赴德国汉堡大学深造，同时得力于对中国传统文化中"日新日日新"和"登峰造极"精神的追求，最终开创了整体微分几何学。

他对于晚辈的学习也非常关注，但尊重孩子们自己的选择，让他们随着兴趣走，并非一定要一辈子读书、做学问。他的儿女们均未从事学术研究工作。著名超导物理学家朱经武是陈省身的女婿，陈先生鼓励他不要跟在别人的后头走，要开创自己的研究领域。对于普通的少年数学爱好者，陈省身则说"数学好玩"。

那么，陈省身先生是否对学生的考试分数不重视呢？并非如此。陈省身曾经讲过这样一件事：美国某研究院举行考试，一名考生在考试分数出来后找到老师说试卷评阅有误，老师查看卷子后予以纠正，这名学生的考分上升到第一名，然后老师注意到考分前两名的学生都来自中国。这件事让陈先生感到十分自豪，他认为中国学生非常聪明，一定能让中国在21世纪成为数学大国。

由此可见，陈省身先生也是重视考试分数的，毕竟分数是学习能力的体现，但他不愿固守于考试分数，而是选择因材施教。中国科大少年班承载着国家高等教育改革的希望，陈先生对于少年班同学的要求自然有别于一般。"不要考第一"，是在考取高分的基础上，不要计较有没有达到最高，不能因为一株树木而放弃整片森林；在学习知识的基础上，还要学会提出问题，去进行科研实践和社会实践，并发现自己的兴趣所在，在新的领域里不断探索并最终成为学术研究和国家建设的领军人才。

"不要考第一"，这正是一代大师对于祖国数学事业发展的关心和对祖国少年真正成才的殷切期盼。

◆ 方黑虎 ◆

袁家骝、吴健雄：科技大学很有希望

1984年9月，世界著名物理学家袁家骝、吴健雄夫妇应邀访问中国科大，为即将破土动工的国家同步辐射实验室提供学术指导。袁家骝教授在世界高能物理领域享有盛誉，时任美国布鲁克海文国家实验室特聘顾问，这是他第三次访问中国科大。吴健雄教授任职美国哥伦比亚大学，在国际物理学界更是声名卓著，她通过β衰变实验证明了杨振宁、李政道提出的弱相互作用下的宇称不守恒理论，被誉为"东方的居里夫人"。这次访问于她而言也是故地重游。他们考察了中国科大同步辐射实验室之后，与学校管理、研究人员座谈时提出：要计之长远，前瞻性考虑加速器建成后的应用问题，因为"几乎所有发达国家和地区都是把应用人才的培养和加速器本身的建造同时提上日程"，并以我国台湾地区为例，介绍他们的加速器建造尚在计划之中，

袁家骝、吴健雄夫妇

却先从各大学挑选100名优秀青年学子送到国外培养,为加速器的建造和应用作准备,祖国大陆应早日选拔和培养加速器应用人才。

临别之际,袁家骝、吴健雄夫妇欣然为中国科大留下题词:"青出于蓝胜于蓝,科技大学前途无量。"评价甚高。改革开放之后,中国科大推出了一系列改革举措,例如,首创少年班,创办中国第一个研究生院,建设我国高校中的第一个国家实验室,派遣大批青年教师出国进修,邀请国际著名科学家来校讲学等,教学、科研工作迅速发展,在国际上颇有声誉。英国《自然》杂志也称赞中国科大为"招风的大树"。

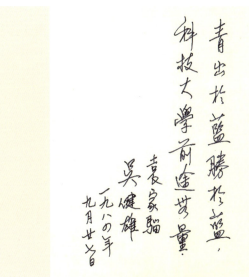

袁家骝、吴健雄夫妇的题词

袁家骝、吴健雄夫妇素负爱国之志,早年远赴海外,投身科学而终有大成,身在异域却常怀赤子之心,始终心系祖国科技教育事业。改革开放之前,袁家骝、吴健雄夫妇曾两次回国,积极建言推动科技教育事业发展,因历史之曲折而未偿所愿。改革开放之后,国内形势大好,袁家骝、吴健雄夫妇即频频来往于中美之间,与国内高校、科研机构展开了广泛的学术交流与合作。在此过程中,袁家骝、吴健雄夫妇与中国科大结下良缘而多有互动。

1978年,中国科大副教务长包忠谋一行4人赴美参加斯坦福大学电子同步辐射加速器用户年会。与会的袁家骝为代表团热情介绍美国科学界的动态,以自己的专业知识和经验,对中国科大筹建中的同步辐射加速器的工程设计提出建议。袁家骝还请代表团一行到自己家中座谈,到中国餐馆就餐,并亲自开车带领代表团游览纽约市的夜景。1979年6月,袁家骝接受邀请,专程来合肥访问中国科大,指导学校同步辐射加速器的筹建工作。参观之后,他表示非常支持学校建设同步辐射加速器,认为它不同于高能物理加速器,"综合性强,可以使各方面学科得到发展,对国家对科学本身都有好处"。他鼓励科研人员在核心部件上要立足于自主研发,"我们中国人完全可以自己做出来,花钱买的东西,我们自己就没有制作的经验"。他很关心刚成立不久的少年班,建议少年班同学"注意国外的发展,最好能直接阅读国外的书籍杂志"。他很欣赏中国科大人的奋斗精神,为之寄语:"科大虽然是后起之秀,但是仍在艰苦困难情形中做出伟大的成就,为国家造就了多数的科技人才,实极欣羡。希望能在最近的将来作出更伟大更骜(傲)人的成就。"

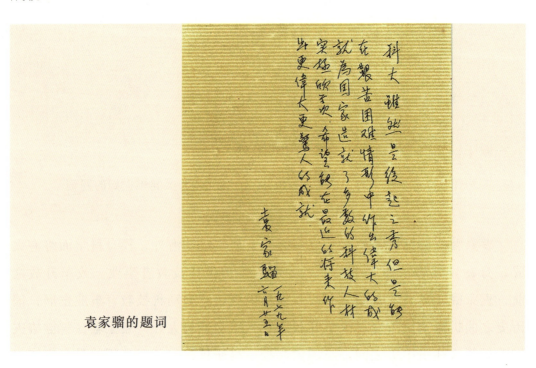

袁家骝的题词

1982年5月20日,中国科学院学部主席团主席、中国科大校长严济慈得知袁家骝、吴健雄夫妇即将回国参加南京大学80周年校庆活动,随即致电邀请他们访问中国科大。6月12日,袁家骝、吴健雄夫妇来到中国科大,接受了中国科大授予的"名誉教授"称号,并为全校师生分别作了题为《高能物理研究和高能加速器的进展》《80年代之中微子》的报告。他们参观了物理系、近代物理系的实验室，图书馆和同步辐射实验室，同师生们交流，并提出建议。他们强调做实验工作要站得高、看得远，"要读点书才能做好实验"，在选题上要宽一点，要持之以恒，不怕失败，要注意计算机的应用。关于同步辐射加速器建设，吴健雄说她从袁家骝处已有所了解，现在实地一看，已有很大成绩，非常高兴。她提醒到，"造加速器是很不容易的，要大家同心协力才行，造加速器很花钱，需要政府支持"。袁家骝介绍了苏联加速器建造过程中的教训，研制出来的核心器件——磁铁的均匀性不好，每块磁铁差别很大，导致束流性能差，提醒在研制磁铁时一定要保持12块弯转磁铁的一致性。他还建议中国科大与南京大学等高校、科研机构加强合作，提高同步辐射加速器的使用率。

袁家骝、吴健雄夫妇访问中国科大

袁家骝、吴健雄夫妇还与少年班师生见面交流，提出要注意少年大学生的全面发展，并留言为记："我们今天和科大少年班同学们座谈，给了我们很深刻的良好印象，敬祝前程无限。"深深期待尽在祝福之中。吴健雄非常关心国内女知识分子的培养工作，访问过程中，她多次提出，要重视培养女知识分子。参观半导体封装压焊工艺时，她问是否有女同志参加这项工作。

与少年班师生交流,她首先问少年班有多少女生。由此可见,她希望中华民族女性真正发挥"半边天"的磅礴力量,从而加快中国的科技发展。袁家骝、吴健雄夫妇认为中国科大的师生身上有一股朝气,中国科大的事情一定能办好。他们在参加南京大学的学术活动时,还多次提到"中国科大参与活动的教授、副教授都很年轻,是很有希望的表现"。

◆ 方黑虎 ◆

任之恭:中国科大是我的第二家乡

1984年10月15日,美国科学院院士、约翰·霍普金斯大学教授任之恭访问中国科大,作学术报告,走访实验室,与校内诸友人共叙情谊。交流之中,任之恭欣然留言:"中国科大是我的第二家乡,也是我最尊崇的学府,来此重游,给我极大的荣幸。"

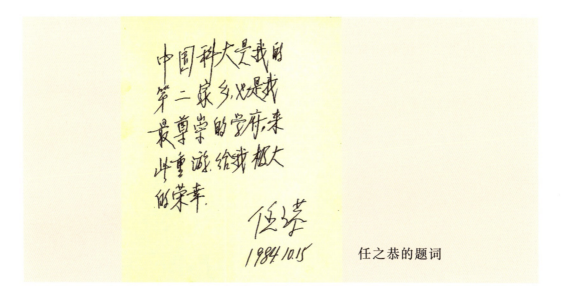

任之恭的题词

品味这则留言,扑面而来的是相知相悦、醇厚浓烈的情感,其中有基于事实的适当褒扬,更多流露的是任之恭先生的真情实感。

任之恭,著名微波物理学家,1931年获美国哈佛大学博士学位。曾任教于清华大学、西南联合大学。1946年,由于抗战期间表现突出,受政府资助赴美深造,后因中美交恶,滞留海外,屡屡思归而不得其门。任之恭虽身在异乡,却心系故国,曾将自己的女儿送回国内读书,后半生致力于中美科技文化交流事业。1972年6月,中美关系开始"解冻",两国尚未正式建交之际，任之恭和麻省理工学院教授林家翘组织美籍华人学者参观团访问中国，受到周恩来总理的接见，在美籍华人当中产生很大影响。任之恭说"中国科大是我的第二家乡"，既是他对祖国的挚爱，对中国科技教育事业的牵挂，同时也是在和中国科大交往中形成的价值和情感认同。

任之恭曾8次访问中国科大，分别为1978年、1979年、1980年、1981年、1982年、1984年、1986年、1992年，留下了许多难忘的时光，也结交了钱临照、杨海波、任知恕等诸多好友。他是中国科大首批聘任的名誉研究教授，不定期来合肥讲学，时间短则两天，长至两个多月；他生活上不讲究，为了方便讲学，就住在没有空调、没有暖气的校内宾馆；他走遍了校园的每一个角落，考察实验室，走访教研室，与师生密切交流；他作了大量的学术报告，希望尽可能多地将科技、教育前沿动态告知师生；他将自己珍藏的400多册图书捐赠给学校；他还仔细考量，给学校提出许多真诚的建议，他的真知灼见至今仍有指导作用。

任之恭在中国科大作学术报告（1979年）

任之恭提出要加强基础科学方面的研究，"当我们接近国际水平时，无现成的路可循，就要靠自己独创，那时基础科学就越发显出它的重要作用"，眼界高远，似乎洞察了中国科学发展的未来。他认为基础科学包括理论和实验，两个方面都需要重视。他在和中国科大15位考取中美联合培养物理类研究生计划（CUSPEA）的同学座谈时得知，他们未来的研究方向都是理论物理，于是提醒他们在重视理论的同时，一定要重视实验，多掌握一点实验知识，可以做出更出色的成果。

任之恭建议中国科大邀请华裔学者回国讲学，并亲自出面代为邀请有成就的华裔学者访问中国科大，帮助提高校内青年教师的学术水平。他希望学校放手使用青年教师，认为年轻人敢于破釜沉舟，能够创造出前人未有的科研成果。

任之恭和少年班同学座谈，告诉他们学习要有好奇心驱动，"遇到问题要能追问下去，敢想敢说敢问"，"要敢于怀疑"，保持这种精神比考试分数重要，更有可能取得长足进步。

"我来到科大，正是祖国向'四化'进军之时，我要与科大的师生一起互相学习磋商，同心协力，为促进科技现代化而努力。"任之恭在接受中国科大名誉研究教授聘请时如是说，随后便不定期在中国科大开设"微波量子物理学"讲座。虽七十有余，任之恭仍热心于传道授业解惑，一再要求加大工作量，一个星期要上4个半天的课。讲课前，他总是精心准备讲稿，要把科学前沿介绍给全校师生。

任之恭还就中国科大的发展问题致信严济慈校长。他毫不吝啬地赞扬了中国科大的优点，"我认为科大至少有3个优点，师资队伍优良、学生材料极好、校风好"，同时毫不隐晦地指出中国科大的缺点，"学生专业分得太早又太细，以致一般知识面太狭窄；学生功课太繁重，上课之余，学生无时间自修及仔细消化所学的内容；学生太偏重理论，不重视实验，学校缺乏实验设备"。字字真言，一片坦诚，完全出自肺腑，亦见任之恭确实视中国科大为自己的第二家乡。

◆ 方黑虎 ◆

旧收据里的爱国情怀

2019年3月中旬，中国科学技术大学第二任校长严济慈先生的孙女、全国政协委员严慧英女士在微信朋友圈晒出了两张民国时期的收据，其正文分别如下：

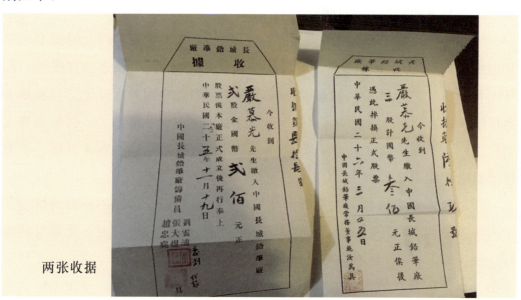

两张收据

（1）今收到严慕光先生缴入中国长城铅笔厂贰股金国币贰佰元正，股票俟本厂正式成立后再行奉上。中华民国二十五年十一月十九日。中国长城铅笔厂筹备员：刘云浦、张大煜、赵忠尧

（2）今收到严慕光先生缴入中国长城铅笔厂三股计国币叁佰元正，俟后凭此掉换正式股票。中华民国二十六年三月二五日。中国长城铅笔厂常务董事施汝为具

这两张收据涉及的人物严慕光、赵忠尧、张大煜、刘云浦、施汝为均为我国近现代知名学者，其中严慕光、赵忠尧、施汝为三人有同门之谊，先后就读于南京高等师范学校（南京大学、东南大学前身）数理化科，后皆以物理学研究闻名于世；1958年，又协力创办中国科大。严慕光，即中国科大建校筹备委员会委员、第二任校长严济慈，慕光为其字；赵忠尧为中国科大原子核物理与原子核工程系首任系主任；施汝为曾任中国科大技术物理系首任系主任。由于就职于中国科大档案馆的缘故，这两份收据引起了我的浓厚兴趣，于是着手收集相关信息，说说两张旧收据背后的故事。

1932年，中华民国海关贸易报告记录了全年进口铅笔所耗资金150万元，这引起了一帮归国留学生的注意。他们知道铅笔制造并非尖端工艺，决心通过自己的努力改变这一状况。1935年，吴羹梅在上海组建中国标准国货铅笔厂股份有限公司（后更名为中国第一铅笔股份有限公司），开始自主生产铅笔。此时，身在北平（今北京）的赵忠尧也在思考，"怀着工业救国的良好愿望，我又想结合出国数年积累的经验，在国内仅有的少数企业中寻觅伙伴，探索技术，创办小型的国产工业"，希望通过振兴民族工业来报效国家。

1936年，在清华大学任教的张大煜感于清华大学师生以及北平中小学生使用的铅笔全是进口的洋货，同时社会上也兴起一股"工业救国"的热潮，决定邀请几位志同道合者共同创办一家铅笔厂，实现"国货自强"的目标。在国家民族的生死存亡之秋，以赵忠尧、张大煜等为代表的中国知识分子忧思难忘，希望通过自己的点点努力，与社会上的各种救国行动汇成一股民族自强的洪流。赵忠尧曾回忆："我日夜苦思焦虑，想找出一条立即可以生效的救国道路。我曾尝试了多种途径：科学救国、平民教育、工业救国等……尽管碰了不少钉子，但毕竟身体力行，尽了努力，从各个方向试着去做一点于国家、民族和老百姓有益的事。"赤子之心，令人动容！

张大煜、赵忠尧、刘云浦、施汝为等一拍即合，拿出自己的多年积蓄，并在友人之中筹集资金用以创建铅笔厂，最终共筹得大洋2000余元。严济慈是赵忠尧、施汝为的学长，于法国学成归来，任职北平研究院物理研究所，并素有提携后学之风，得知两好友创建铅笔厂，投身"工业救国"，严济慈自不甘人后，为国尽力、为友分忧，先后两次共缴资500元，鼎力支持铅笔厂的创办。于是，就有了前文所述之收据。

开始筹办之后，他们从德国进口了制芯机这一关键设备，然后就在北平开始试制铅笔。教化学的张大煜负责试制笔芯，教物理的赵忠尧则亲自和清华大学物理系的技工一起，在实验室里进行笔杆以及成品试制。靠着一腔爱国热情，他们克服了种种难题，拿出了满意的铅笔小样，准备在北平开始正式生产。

然而，时势难料。1937年，卢沟桥事变，战火遍地，华北危急。北平已经无法建厂，于是南迁上海，厂名定为"长城铅笔厂"。何以"长城"为名？因为长城乃中华民族悠久历史的象征，用长城来代表民族工业，既希望民族工业似长城一样绵延万里代代相传，亦含抵御外敌入侵之意，以民族品牌来抵制洋货对国内市场的占领。长城铅笔厂生产的"长城"牌铅笔问世以后在市场受到了欢迎，赵忠尧日常工作中也使用"长城"牌铅笔。2001年，中国科大举办"赵忠尧教授纪念展"，赵忠尧夫人胡惠书女士曾捐赠一支"长城"牌铅笔供展览之用。

1956年1月，长城铅笔厂并入中国第一铅笔股份有限公司。今天，"长城"牌铅笔已经成长为中国著名品牌商品，享誉全球。

◆ 方黑虎 ◆

恢复高考历史决策中的中国科学技术大学

1977年10月6日，教育部在邓小平的指示下出台《关于一九七七年高等学校招生工作的意见》（以下简称《意见》），提出高等学校实行新的招生政策，废除推荐制度，恢复文化考试，择优录取。10月12日，国务院批转了教育部的《意见》，通过考试择优录取的高考制度得以正式恢复。

1977年底，全国570万青年参加了刚刚恢复的高等学校招生考试，其中27万余人通过考试进入大专院校学习，他们的人生命运从此发生重大转折，中华人民共和国的人才储备工作也改变走向，恢复高考成为一个划时代的历史事件。

根据现有文献记载，这一历史事件是在以邓小平为代表的中央领导层和全国广大教育科技工作者的合力推动下发生的。对于中国科大而言，在这重大的历史事件中，除了有738位佼佼者通过1977年高考进入学校学习，在科学的春天里开始攀登科学技术的高峰以外，还有一段鲜为人知的历史与恢复高考的重大决策息息相关。

1975年，邓小平主持中央日常工作以后，对全国各项工作进行了全面整顿。当时中国科学院管理全国科技工作，主持中国科学院工作的胡耀邦、李昌、王光伟组织起草了《中国科学院工作汇报提纲》（以下简称《汇报提纲》），计划向国务院汇报并采取系列措施，推动科技领域的整顿工作。1975年7~8月，李昌向邓小平提出了中国科大恢复招生的生源问题，说："我们打算直接从1965~1967年的高中毕业生中录取，采取自愿报名、严格考试、半工半读的办法。"邓小平赞成说，"这个办法好"。

1975年9月26日，胡耀邦和李昌代表中国科学院向国务院汇报，邓小平、李先念等领导听取了汇报。报告中涉及中国科大管理体制调整问题，同时明确了中国科大办学目标主要是为中国科学院培养科学研究干部，学生直接从高中毕业生中录取。

邓小平在听取中国科学院负责同志汇报时说："大学究竟起什么作用？培养什么人？有些大学只是中等技术学校水平，何必办成大学？科学院要把科技大学办好，选数理化好的高中毕业生入学，不照顾干部子弟。这样做要是犯错误，我首先检讨。这不是复旧！一点外语知识、数理化知识也没有，还攀什么高峰？中峰也不行，低峰还有问题。"中国科学院和中国科大在招生问题上迈出的一小步得到了邓小平等中央领导人的支持。

《邓小平文选》第二卷中关于中国科大的内容

在《汇报提纲》中，关于中国科大的问题都是原则性的，中国科大办学的一些具体问题还需要中国科学院专门给中央呈递报告，请求中央进一步指示。于是汇报结束之后，中国科学院随即指示中国科大，尽快代中国科学院起草一份《关于中国科学技术大学几个问题的请示报告》。

中国科大一批追求改革的的教育工作者们如遇久旱甘霖，立即着手准备该份代拟稿，希望此举可以改变由推荐制上大学导致的生源质量不高的窘况。1972年，中国科大开始招收工农兵大学生。3年之后，第一批工农兵大学生从学校毕业，走上工作岗位。通过对3年培养过程和结果的考察与总结，中国科大的教师和教育管理者们意识到问题严重，以推荐为主的高等教育选拔制度给高校人才培养工作带来非常大的影响，整体培养质量与培养目标之间有不小差距。

10月23日，凝聚了中国科大一大批教育工作者心血的《关于中国科学技术大学几个问题的请示报告（代拟稿）》（以下简称《代拟稿》）上报中国科学院，随后由中国科学院提交到国务院。报告中关于招生工作的建议有："中国科技大学的招生对象，主要招收德、智、体全面发展的、年龄在十八岁左右、身体健康、未婚的、优秀的应届高中毕业生。学生的选拔既要保证政治质量，又要保证文化水平。为此，要严格实行自愿报名、学生群众评议、中学推荐、上级组织审核，经过文化考查，中国科技大学全面考查复审，择优录取。"这里大胆提出通过文化考试择优录取应届高中毕业生，其实质是希望国务院能够同意中国科大在学生选拔方面开辟一条新的道路。当然，中国科大也为工农兵进入大学学习留下了一条通道："对于在实践中表现出有一定的科学研究能力，有所发明、有所创造的工农兵和上山下乡知识青年，经过学校审核后录取。"这种破格选拔的思想在中国科大后期的办学实践中也时有体现，比如1978年入学的史丰收同学就是由于发明"快速计算法"表现出一定的数学创造能力而被破格选拔入学的。1975年，全国教育界尚处于"文革"严重干扰下的混乱和落后状态，这些振聋发聩的建议，彰显了中国科大的远见卓识和非凡的胆略，难能可贵。可以说，中国科大在"文革"后期就较早发出了要求恢复高考的声音。报告上报后，主持国务院工作的邓小平副总理圈阅同意。

然而，中国科大的教育改革者们并没有等来中央政策的变化，事情发生了戏剧性的逆转。此后不久，"批邓、反击右倾翻案风"开始了。邓小平再次陷入风雨飘摇之中，中国科大择优录取的尝试自然也未能如愿。

1977年7月，邓小平恢复党和国家重要领导人职务。8月4~8日，邓小平在北京主持召开了科学与教育工作座谈会，邀请了30多位科学家和教育工

《关于中国科学技术大学几个问题的请示报告(代拟稿)》

作者参加,中国科大派出青年教师代表参加了这次座谈会。8月6日下午,会议讨论的重点转移到高校招生这个热点问题上,武汉大学查全性副教授建议当年恢复高考的发言得到与会者的鼎力支持,形成当年恢复高考的共识。最终，邓小平同意当年恢复高考。

与此同时，8月4日，中国科大教师许子明等9人致信邓小平，再次建议在中国科大实行通过考试择优录取的选拔制度，希望"直接从应届高中毕业生中择优录取新生"。8月28日，时任中共中央委员会副主席邓小平针对该信批示：请方毅同志阅处。这再次表明了邓小平对调整大学生入学制度的肯定。由此可见，在1977年国家恢复高考的重大决策中，中国科大教育工作者的努力确实起到了一定的作用。

◆ 方黑虎 ◆

中国科大没有"逸夫楼"

2014年1月7日,香港"影视大亨"邵逸夫先生去世,全国各地、网络上下一片悲痛之声和怀念之情,非为邵氏之影视业成就,而是感念其生前慈善壮举。邵逸夫先生的后半生热衷于社会慈善事业,捐赠善款总额据不完全统计超百亿港元,其中仅投入中国内地的教育事业达25亿港元之巨,在全国各地留下了数以百计的"逸夫楼"。

邵逸夫先生去世数日内,由于供职中国科大档案馆的缘故,我接到数家媒体的采访电话,希望了解邵逸夫先生和中国科大的渊源。此前,我印象中学校没有"逸夫楼",但有一个"邵逸夫项目"——中国科大信息处理中心,至于时间、金额、机构性质等具体情况不甚了了,便回复说容我查档后一一告知。于是,我求助于"藏之深闺"的档案资料,梳理出"邵逸夫项目"的来龙去脉。

1985年,邵逸夫先生开始在内地捐资助学,兴建图书馆、教学楼、实验楼等教育基础设施,均冠以"逸夫楼"之名。1987年,鉴于中国科大突出的办学成就和在高等教育界的卓著声誉,邵逸夫基金会向中国科大提出了捐赠意向。

中国科大欣然接受捐赠,但经集体讨论后,对接受捐赠方式提出了自己的建议。此时的中国科大,西校区建设已经拉开帷幕,由国家计委批准、总投资9300万元、拟扩建校舍167000平方米的中国科大第一期工程基建任务也已动工,教学科研基础设施不足的现状即将得到很大程度的缓解。另一方面,中国科大在保持传统理科优势的同时,需要加快在新兴工科领域的发展,引进技术领先的通用信息处理设备是当务之急。经过双方的良性互动,邵逸夫先生及其基金会对中国科大实事求是的作风表示尊重,同意捐赠500

万港元,为中国科大购置急需的信息处理设备,推动学校信息处理及相关学科的发展。

1988年9月,中国科大利用邵逸夫先生的捐款,并自筹120万元,购置了美国DEC(Degial Equipment Corporation)公司的超级小型机VAX8700系统,与学校已有的相关设备组成局域网,形成了有力的数据处理能力。学校决定成立一个新的教学科研单位——中国科大信息处理中心,由孙贞寿教授任中心主任,面向全校以及校外单位的需求,提供计算、咨询、合作研究和信息处理等专业服务。

9月26日,中国科学技术大学信息处理中心正式成立,中国科大校长谷超豪院士和邵逸夫基金会代表马临博士共同为中心揭牌。邵逸夫先生题写了"中国科学技术大学信息处理中心"之名。

谷超豪校长和马临博士在新建成的中国科大信息处理中心

信息处理中心建成后,增强了中国科大在信息科学、软件技术、材料科学、能源科学等学科方面的研究能力,先后承担了校内外科研课题数百项,对天体物理、生物大分子结构、人工智能专家系统、CAD开发利用系统等研究中的科学计算和信息处理做出了重要贡献。2020年6月，在国际互联网巨头脸书、微软、亚马逊等组织开展的"Deepfake Detection Challenge"人脸视频深度伪造检测挑战赛中，由中国科大信息处理中心俞能海教授，信息处理中心博士后、博士生和硕士生组成的科研团队获得全球第二名的优异成绩。

邵逸夫题写的"中国科学技术大学信息处理中心"

信息处理中心为中国科大培养信息技术人才提供了理想的教学平台。建成的第2年，就有2名博士、18名硕士进入信息处理中心学习。建成3年内，即在全校范围内开设40多门研究生教学实验课程并取得满意效果，并开始接受博士后到中心工作。

信息处理中心建成后，扩大了中国科大信息技术学科的国际交流与合作。欧洲共同体空间观测中心将中国科大作为中国天体观察台站的总代表，把国际紫外卫星数据库装入了信息处理中心的VAX8700系统，成为我国唯一的紫外观察数据库，为全国天文单位服务，也有力推动了我校与国际天文学同行的交流。中国科大信息处理中心成为当时校内三大公共实验中心之一，与结构中心、计算中心齐名。

梳理完毕，有两点使我感动：其一，邵逸夫先生的大爱之行令人景仰，捐赠冠名是慈善事业中的惯例，邵先生捐赠不求名、只求实的大家风范，令人感动；其二，中国科大时任校领导实事求是的工作作风足可称道，把钱花在刀刃上，最大限度发挥善款之效用是对捐赠人的最高敬意。两种美德成就一桩善行，不亦乐乎！

◆ 方黑虎 ◆

中国科大有座"孺子牛"

中国科大东校区校史馆西侧,有一座灰白色的水泥雕塑,掩映在绿树丛中,坐落于芳草之上。它就是身负几分传奇色彩、名动高校江湖、已成校园打卡景点的中国科大迁址合肥后的第一座雕塑——"孺子牛"。

中国科大校园里的"孺子牛"雕塑

"孺子牛"原坐落在东区图书馆东南侧,后因图书馆扩建而移居现地。远远望去,"孺子牛"雕塑并不高大,走近方能一览峥嵘。雕塑可以分为两个部分:下部是大约1米高的水泥基座,正面刻雕塑之名"孺子牛",背面记雕塑之源"七八级同学献";上部是两头瞪目抵足的牛,埋首弓身,肩扛地球,发力向前,气势非凡,似乎要转动小小寰球。这是中国科大人理想与宏图的表现。科学的春天里成长的一代人,希望借助科技的力量改变世界。

正如雕塑背面所记,这座校园里的标志性雕塑是由中国科大1978级全体同学捐赠所建。1983年上半年,1978级同学即将毕业之际,有人提议献一个雕塑给母校作为毕业礼物,这得到了绝大多数同学的支持。黎昊、韩剑鸣、陈西滨、寒阳、陈树深等毕业生开始组织在同学们之间募集资金并征求设计方案。当年,同学们的手头都不宽裕,很多人都是省下自己的饭票贡献几元、几角的力量;还有一些已经出国留学的1978级同学听说后,从美国寄回自己节衣缩食省下来的5美元、10美元,非常令人感动。最终,同学们共募集到善款4000余元。

据一些参与其事的校友回忆,同学们设计出来的方案不止一件,有人说是四件,有人说是五件,也有人说更多。设计方案出来后,同学们在校团委等部门的支持下分头行动,寻求合肥市艺术家们的帮助,请他们帮忙做出模型。中国科大原副校长陈晓剑教授曾回忆说自己和另外一位同学去安徽省博物馆寻求一位艺术家的帮助,另一组同学找到了当时已有相当影响力的画家韩美林。韩美林认为这个方案的意境很好,但他自己很忙,也没有从事园林雕塑的经验,就给同学们介绍了青年雕塑家程连仲、程连昆兄弟。

据程氏兄弟回忆,"孺子牛"模型的创作过程是很辛苦的,其间一直得到韩美林的指导。韩美林有次看过模型后还开玩笑说:"这些牛的疙瘩肌肉太可怕了。"程氏兄弟又继续修改,最终用了一个月时间完成了模型,也得到了韩美林的认可。艺术家们将完成的雕塑模型送回学校后,同学们组织了民主评审会,由所有参与其事的同学自主投票选出自己最喜爱的雕塑模型。

中国科大同学在教室里进行雕塑评选

也许是同学们有初生牛犊不怕虎的气魄和勇气，也许是同学们有如牛一样的刻苦拼搏精神，也许是同学们中属牛的居多，最终"孺子牛"模型以74%的得票率胜出。这里面寄托了同学们的梦想和期望，也注入了他们对于母校的牵挂。

保存在中国科大博物馆的孺子牛雕塑小样

最终定稿以后，需要将原稿放大，做成真正的雕塑。这时候，资金上出了问题，活动募集的捐款只剩下1700元。同学们去找学校领导寻求支持，学校同意同学们免费使用学校的材料、人工和场地，这才使雕塑能够顺利完成。程连昆回忆雕塑制作时说："由于担心被雨水淋，稿子的放大工作是在学校的一个地下室完成的。当时是暑假，天气热、潮湿，一盏300瓦的灯泡，点上一个多小时就炸掉了。"地下室里还有人种蘑菇，虫子很多，大家热得只能光着膀子，每天免不了被蚊虫叮咬。"但我们不能离开，都是人工搅拌水泥，要盯紧不能有气泡。"程氏兄弟克服重重困难，终于完成了理想中的"孺子牛"雕塑。同学们又请著名书法家费新我题写了"孺子牛"名称。

其实，在此前雕塑命名上也出现了争议。同学们直抒胸臆，谓之"扭转乾坤"。然而学校层面考虑这样的名称过于张扬，认为"孺子牛"较为合适，并最终定案。两头牛埋首用力推动地球，来寓意中国科大和她的学子们潜心科技创新，推动世界发展，命名"孺子牛"或许意在"埋首潜心"！

"孺子牛"雕塑建成以后，给后来的中国科大学子带来了无穷的鼓舞和启迪，也成为校园里的标志性构筑物。1982级沈涛同学在中国科大校刊上撰文道："图书馆东南角矗立着的石雕'孺子牛'能给人以震撼、启示和力量。

那两条牛双目圆睁,低首蹬足,用犄角、用阔背奋力推动地球,大有扭转乾坤之势。看着这孺子牛,你仿佛感到它周身有奔涌的热血,感到它喘息喷吐的热气,听到它短促而振聋发聩的咆哮。我惊叹于那惊心动魄的一刹那,折服于那粗犷、神奇的力的美","昏庸的,在这里头脑清醒;软弱的,在这里挺直腰杆;忘本的,在这里记起过去。做孺子牛,吃进草,挤出奶,负重远行;做孺子牛,鞠躬尽瘁,死而后已。这就是雕像给我的启示"。

◆ 方黑虎 ◆

第一教学楼与老图书馆：
中国科大校园中的苏式建筑

漫步中国科大东区校园，不难发现校园中轴线上有两栋历史最久的地标式建筑——第一教学楼（以下简称一教）和老图书馆。其中一教建于1958年，老图书馆建于1959年，两栋楼不但建设时间相近，建筑风格和结构也相似，都带有浓郁的苏联式建筑韵味。

1990年的一教（左下角）和老图书馆（右上角）

苏联式建筑，又称苏式建筑。典型的苏式建筑有两大特点：一是左右呈中轴对称，平面规矩，中间高两边低，主楼高耸，回廊宽缓伸展；二是有三段式结构，三段指是檐部、墙身、勒脚三个部分。这是一种比较宽泛的说法，一般而言具备以上特点即可称为苏式建筑。

那么，中国科大校园里为什么会出现苏式建筑呢？这得回溯中国科大的历史。1970年,中国科大从北京南迁合肥,落户于原合肥师范学院校址,一教和老图书馆便是原合肥师范学院留存下来的建筑。20世纪50年代,伴随着苏联援建和全国高校院系调整,很多高校按照苏联大学的校园格局建设,提倡"社会主义内容、民族形式"的建筑风格。一教和老图书馆就是在此背景下设计建造的,而今成为那个特殊年代的记忆遗存。

1977级新生入校,背景为第一教学楼

1983年的老图书馆

一教和老图书馆都严格遵循中心对称的原则，方正规矩，门厅处立有四根石柱，大厅宽阔，中部略高，各部位设计简化，没有繁复的装饰，侧重于实用性，建筑整体观感庄重敦厚。两栋建筑虽然相似，又各具特色。一教从空中俯瞰是一个"凹"字形平面，主楼作横的长方形，东西配楼对称于背面的两侧，合围成三合院布局，融入中国传统建筑的样式。老图书馆则在中部五层设计了一排装饰性的圆拱券窗，带有古典主义建筑韵味，错落有致，典雅大方。

不知不觉间，一教和老图书馆已走过一甲子的历程，其间虽几经修葺，仍不失原有风貌。中国科大校园里，原合肥师范学院的其他建筑随着时代的变迁和学校的发展已次第消失，所剩无几。在快速发展的当代中国，苏式建筑也渐渐淡出人们的记忆。

每一栋建筑，都隐含着历史发展的脉络。苏式建筑兴起的背后是新中国成立后党和国家的艰难创业历程以及苏联援建所带来的建筑理论对中国传统建筑理论的冲击。苏式建筑在当代中国的式微则成为我国改革发展以及探索建筑文化自信最直观、生动的注脚。

◆ 赵　萍 ◆

桃李苑：中国科大食堂的时代变迁

2018年，正值中国科学技术大学60周年校庆，中校区学生食堂建成并投入使用。学校公开为之征名，最终采纳了广大校友的建议，将其定名为"桃李苑"餐厅。

"桃李苑"之名由来已久。20世纪80年代初期，东区已拥有数间食堂，但在学生晚自习下课后均已停止营业。那个年代，既没有满大街的餐饮店，也没有全城速递的外卖小哥。下了晚自习的部分学生，经不住饥饿，就在宿舍里使用电炉、热得快等煮泡面和鸡蛋吃，以补充能量；也有很多个体商贩通过与保卫人员打游击的方式进入宿舍楼，叫卖卤蛋、豆干等食物。这些行为既存在着相当大的安全隐患，又不利于校园的有序管理。

为了解决以上问题，原生活管理处在现229宿舍楼北侧绿地上建起一座简易工棚食堂，这就是最早的"桃李苑"餐厅，又叫五食堂。五食堂因提供夜宵，也被大家亲切地称为夜餐部。它位于学生宿舍区，定位是一座全天候（早、中、晚、夜连开）、全方位（风味小吃、小炒、大灶俱全）的餐厅，既解决了学生们的夜餐问题，也便于学生们在雨雪天气时就近就餐。凭借位置和经营时间优势，"桃李苑"很快成为学生的首选进餐之处，每天就餐人数约1000人次，个体商贩叫卖和学生自己烧食的现象逐渐消失了。

1999年,服务了16个年头的"桃李苑"餐厅迎来了第二次建设。由于其建材老化严重,布置简陋,经学校同意后,生活管理处予以拆除并就地重建。新餐厅为一座两层建筑。为了提高服务形象,生活管理处提出了对标当时的"网红"——肯德基快餐店的要求,并增设了快餐、卡座等服务方式,服务环境大幅改善,服务内容更加丰富多样。

重建后的"桃李苑"餐厅

2010年,由于校园建设规划需要,"桃李苑"餐厅于寒假期间被拆除,接任的是如今东苑食堂二楼的风味餐厅,继续提供夜餐服务。至此,陪伴了几代科大人的"桃李苑"彻底消失了,那些年吃过的包子、腌汤、葱油饼,晚自习后一份热腾腾的美食相伴,都成为大学时光中最满足最不舍的青春记忆。

2018年,当学校面向社会征集中区新建餐厅的名字时,"桃李苑"带着校友们舌尖上的回忆再度归来。它不仅仅是一座餐厅,更见证了无数中国科大人的成长。重建后的"桃李苑"地处中区宿舍生活区,实行标准化管理,装备先进,就餐环境宽敞整洁,菜品丰富多样,为师生就餐提供了更优质的服务。

中区的"桃李苑"餐厅

时光流转,校园变迁。"桃李苑"餐厅经历三次建设,从简易平房到舒适小楼,已是旧貌换新颜,然而不变的是中国科大立德树人、关爱学生的初心和使命。

◆ 赵 萍 ◆

一根扁担进科大

1958年夏天，我从浙江省湖州中学毕业，同年报考大学。6月初参加高考的学生就填好了志愿。在高校的名单中，还没有中国科学技术大学的名称，所以我当时填的第一志愿是清华大学工程物理系。6月底，我收到姐姐的来信，中间夹带了中国科学技术大学成立的剪报，才知道有一所新型的、培养尖端科技人才的由郭沫若先生任校长且有一大批德高望重的科学家直接教课的中国科学技术大学。虽有向往，但志愿已填，只好如此了。高考结束后，自己感觉考得不错，8月中旬就收到了录取清华大学工程物理系的通知，心里十分满足。8月下旬，又接到一份录取通知书，告知前一份录取通知书作废，改为录取中国科学技术大学，并要求我在9月5日前到该校报到，为此，我十分意外和兴奋。

在中学老师的帮助下，我9月2日就到达了北京前门火车站，好心、友善的北京人告诉我，从天安门前的长安街一直往西走，就会到达玉泉路。我用一根扁担挑着行李，从长安街的北侧向西走，经过六部口、西单、出了复兴门，又经木樨地、黄亭子，走到了公主坟。此时问题来了，当时的公主坟是个大环形圈，北京人告诉我一直往西，不要拐弯，而这里却拐起弯来了，我怀疑自己走错了，只好再请教路旁的人，这才知道没有错，绕过公主坟半个圈后才可能一直向西走。我就是这样花了近4个小时，硬是挑着行李从前门走到了玉泉路，成了中国科学技术大学的第一届新生。每想起这段经历，我就心潮澎湃、浮想联翩。

◆ 黄吉虎（1958级近代力学系校友）◆

我为中国科大自豪

中国科大的不同寻常在我跨入校门以前就体会到了。1981年高考之后,我便离开县城到乡下老家去享受夏日的阳光了。等我回县城看成绩填志愿时,中学校长对我说,中国科大的招生老师说我若填中国科大,保证录取。中国科大当时是所有好学生向往的地方,校长在难以与我联系的情况下替我做主,答应了中国科大老师的要求。就这样,我进入中国科大地球和空间科学系,开始了我的大学生活。

在中国科大的几年是我打基础、长见识和培养独立思考能力的几年。现在校友们有机会聚会仍经常谈起在中国科大时的美好故事。我的记忆可以一直追溯到大一。教一年级高等数学的是杜禄老师。他开堂就讲明教规:可以不来上课,但迟到不准进门,到堂不能睡觉。他教给我们华罗庚先生的读书秘诀:"读书要先读厚,然后再读薄。"读厚是指展开内容,融汇贯通;读薄是指总结归纳,掌握要点。

我从一开始就很适应在中国科大的学习和生活,学习很努力,可其他同学又有何异?然而可以说我受到的"文化冲击"(culture shock)发生在中国科大,而非在美国。身处于一群才华横溢的同学中,经常发现自己处于争辩之中,自己不像自己想象的那么权威。这种观点的交汇和智能的挑战与相互学习和共同娱乐一样,成为我大学教育和成长的重要组成部分。

我在美国学习和研究的是地震学,这既是一门基础学科,又是一门应用学科,它对能源开发、减少地震灾害以及监测核实验等有重要作用,同时人们对于地球内部基本结构、动力演化过程以及地震产生机制的了解主要来自地震产生的通过地球内部传播的波动的研究。并不是所有大学所学都能在研究中用到,无论是从事本行业工作,还是开创新的领域,具有扎实的基础,都有得天独厚的优势。20世纪90年代以来,许多中国科大学生来到美国攻读学位,不少美国教授对这些学生印象很深,以至当他们讲中国科大英文简称"USTC"就像讲加州理工学院简称"Caltech"、麻省理工学院简称"MIT"一样顺口。

◆ 宋晓东(1981级地球和空间科学系校友)◆

后 记

2017年，学校启动60周年校庆筹备工作，校史文化建设为重要组成部分。我与档案文博院（原档案馆）同事们商定，从研究馆藏档案入手，多方搜寻历史资料，共同撰写系列文章，传播科学家精神，讲好中国科大故事。这些故事通过学校的自媒体平台在全体师生员工和校友之间传播，活跃了校园文化气氛，也得到了学校领导的重视和支持。于是，2018年8月，《永恒的东风——中国科大故事》一书和大家见面了。

60周年校庆过去了，但讲好中国科大故事的愿望在我心中不断滋长。工作之中，碰到有很好的档案资料，我依然将之整理成文，做好日常的积累工作。2019年底，学校启动"新文科"基金项目，我和同事们以"挖掘中国科大记忆、讲好中国科大故事"为题申报，竟幸而得中。这样，我们的工作在学校的支持下又进入了新的阶段。

经过一年多的共同努力，我们撰写的系列故事在校友会微信公众号上逐一发布，现在结集出版。中国科大北京、合肥两地校址分别为玉泉路、南七里，故名之《从玉泉路到南七里——中国科大故事》。

编写此书过程中，我们得到了学校领导、规划办、校友会、出版社的大力支持，此书出版得到了中国科大"新文科"基金的资助，在此一并表示感谢。

由于编写者水平有限，掌握资料尚不全面，本书难免有疏漏和不足之处，敬请斧正。

编　者

2020年5月30日